国家级职业教育规划教材
全国职业院校学前教育专业教材

幼儿
教师职业礼仪

杜克生　主编

中国劳动社会保障出版社

简　介

本教材共分为六章，主要内容包括保教常规活动礼仪，教研活动、家长会和家长开放日礼仪，师幼沟通礼仪，与幼儿家长交际礼仪，与单位同事交际礼仪和涉外交际礼仪。教材结合相关内容有机穿插了【知识拓展】【案例】【讨论】等小栏目，以丰富课程内容，开阔学生视野。

本教材由杜克生任主编，赵永超、刘泽宇、张金川任副主编，张晓蕾、陆迪、潘广赫参与编写，刘红、林清松主审，孙文娟翻译书中引用和参考的有关外文资料。

图书在版编目（CIP）数据

幼儿教师职业礼仪 / 杜克生主编. -- 北京：中国劳动社会保障出版社，2022
全国职业院校学前教育专业教材
ISBN 978-7-5167-5478-8

Ⅰ.①幼…　Ⅱ.①杜…　Ⅲ.①幼教人员－礼仪－高等职业教育－教材　Ⅳ.①G615

中国版本图书馆 CIP 数据核字（2022）第 170125 号

中国劳动社会保障出版社出版发行
（北京市惠新东街 1 号　邮政编码：100029）
*
北京市艺辉印刷有限公司印刷装订　新华书店经销
787 毫米 × 1092 毫米　16 开本　6.75 印张　115 千字
2022 年 10 月第 1 版　2024 年 12 月第 4 次印刷
定价：17.00 元

营销中心电话：400-606-6496
出版社网址：http://www.class.com.cn
http://jg.class.com.cn

前　言

学前教育是终身学习的开端，是国民教育体系的重要组成部分，是重要的社会公益事业。学前教师教育担负着培养学前师资的重任，始终受到国家的高度重视，2018 年《中共中央　国务院关于学前教育深化改革规范发展的若干意见》明确提出要“办好学前教育”“大力加强幼儿园教师队伍建设”。为了适应学前教育发展的形势，满足学校培养学前师资的教学要求，2020 年，我们对全国职业院校学前教育专业教材进行了修订和补充，重点做了以下几个方面的工作。

第一，完善了教材体系。根据目前职业院校学前教育专业的教学实际，增加了《幼儿行为观察与指导》《幼儿园游戏》等教材，将《舞蹈（第二版）》和《幼儿舞蹈创编与教法》整合为《幼儿教师舞蹈基础》，将《基本乐理与伴奏编配（第二版）》分为《基本乐理》和《简易钢琴伴奏构建法》。调整后，整套教材体系更加科学、完善，便于教学的开展。

第二，更新了教材内容。对上版教材中的部分内容进行了调整、补充和更新，使教材更加符合当前职业院校学前教育理念和实践方法。增加了实践性教学内容的比重，主要技能点均配以详细的操作指导，以引导学生运用所学知识分析和解决实际问题。

第三，提升了教材表现形式。通过设置知识卡、能力卡、情景再现、引导案例等栏目，增加教材的亲和力，激发学生的学习兴趣。同时，加强了图片、表格及色彩的运用，营造出更加直观的认知环境，提高了教材的趣味性和可读性。

第四，加强了教材立体化资源建设。在教材修订的同时，开发了与教材配套的习题册和电子课件。电子课件及习题答案可登录技工教育网（jg.class.com.cn），搜索相应的书目，在相关资源中下载。在部分教材中使用了二维码技术，针对教材中的教学重点和难点制作了演示视频、音频等多媒体素材，学生使用移动终端扫描二维码即可在线观看或收听相应内容。

本套教材的编写得到了有关学校的大力支持，教材编审人员做了大量的工作，在此我们表示衷心的感谢！同时，恳切希望广大读者对教材提出宝贵的意见和建议。

人力资源社会保障部教材办公室

目　录

绪论

教师职业礼仪是教师在教学活动中应遵循的重要行为准则，由于幼儿和幼儿教育的特殊性，幼儿教师学习和遵守幼儿教师职业礼仪具有重要的意义。幼儿教师学习幼儿教师职业礼仪，首先要明确礼仪和职业礼仪的概念、幼儿教师职业礼仪的概念及主要内容，其次要认识到学习与遵守幼儿教师职业礼仪的意义。

一、礼仪与职业礼仪的概念

我国素有“文明古国、礼仪之邦”的美誉。早期的礼仪起源于祭祀活动，此后，礼仪逐步渗透到人们的生产、生活当中，其内容逐渐被完善并形成了礼仪典章制度。春秋战国时期，孔子周游列国，将各地礼仪整理成书，比较系统地阐述了当时各国的礼仪规范。此后的两千多年间，礼仪的内涵随着社会的发展不断得以完善和传承，形成了我国的传统礼仪。

礼仪是人们在社会交往过程中形成并遵守的态度及言行准则与规范，是人们为了遵守这些准则与规范而相应实施的约定俗成的习惯性仪式。可见，礼仪包括人际交往过程中的准则与规范及其表达的具体形式两大要素。

从不同的角度来看，礼仪的内涵往往不同。第一，从个人修养的角度来看，礼仪是一个人内在修养和素质的外在表现。第二，从人际交往的角度来看，礼仪是人际交往的方式、方法、习惯做法。第三，从社会生活的角度来看，礼仪是一个国家社会文明程度、道德风尚和生活习惯的反映。

在理解礼仪的概念时，要注意礼仪与礼貌、礼节之间的联系与区别。礼貌是指人们在交往过程中互相尊重、表示友好的态度，是一个人道德修养水平在礼仪方面的外在表现。礼节是指人们在社会交往活动中，为了相互尊重，在仪容仪表、仪态、仪式、言谈举止等方面约定俗成的、共同认可的行为规范。可见，礼貌和礼节都是礼仪的外在表现。

根据礼仪的应用范围，可以将其分为个人生活礼仪、社会交往礼仪、职业活动礼仪等，分别简称为个人礼仪、社交礼仪、职业礼仪。其中，职业礼仪是指职业从业者在职业场所中应当遵循的礼仪准则与规范，以及职业从业者践行这些准则与规范的外在表现。从职业从业者的内在修养来讲，职业礼仪是职业从业者必须具有的职业素养之一；从职业从业者的外在形象来看，职业礼仪是职业从业者必须具备的职业技能之一。

知识拓展

我国“礼学三著作”——《周礼》《仪礼》《礼记》

《周礼》又称《周官》，是由西周时期著名的政治家、思想家、文学家、军事家周公旦所著。《周礼》是一部通过官制来表达治国方案的著作，其六官的职能分工为：天官主管宫廷，地官主管民政，春官主管宗族，夏官主管军事，秋官主管刑罚，冬官主管营造。《周礼》所记载的礼仪的制度规范最为系统，既有祭祀、朝觐、封国、巡狩、丧葬等国家大典的制度规范，也有如用鼎、乐悬、车骑、服饰、礼玉等制度规范，还有各种礼器的等级、组合、形制、度数的制度规范。

《仪礼》，原名《礼》，汉朝人称其为《士礼》，到了晋代被称为《仪礼》。《仪礼》是儒家传习最早的一部书，共十七篇，记载了冠、婚、丧、祭、乡、射、朝、聘等各种礼仪。

《礼记》，又称《小戴礼记》《小戴记》，是我国古代一部重要的典章制度选集。它主要记载了先秦的礼制，体现了先秦的儒家思想：哲学思想，如天道观、宇宙观、人生观；教育思想，如个人修身、教育制度、教学方法、学校管理；政治思想，如以教化政、大同社会、礼制与刑律；美学思想，如物动心感说、礼乐中和说。

二、幼儿教师职业礼仪的概念及主要内容

在明确礼仪和职业礼仪的概念的基础上，结合幼儿教师职业性质，可以总结出，幼儿教师职业礼仪是指幼儿教师在整个幼儿保育和教育工作过程中应当遵循的礼仪准则与规范，以及遵守这些准则与规范时表现出的态度和言行。

由于幼儿教师在职业活动过程中与幼儿朝夕相伴，与幼儿家长经常联系，与同事长期共事，所以幼儿教师职业礼仪主要包括与幼儿相处礼仪、与幼儿家长交际礼仪、与单位同事交际礼仪三大部分。

三、幼儿教师学习与遵守职业礼仪的意义

幼儿教师学习与遵守职业礼仪，可以提高自身职业修养，提升自身职业形象，建立良好人际关系，影响和培养幼儿知礼、懂礼、习礼，从而更好地提升保育和教育工作质量。

1. 提高自身职业修养

从幼儿教师职业礼仪的概念及主要内容可以看出，幼儿教师职业礼仪与幼儿教师的全部工作息息相关。如果幼儿教师能够认真学习、理解本课程所涉及的有关幼儿教师职业礼仪的知识，并能做到理论与实践相结合，在实习或实际工作中自觉应用所学习的幼儿教师职业礼仪准则与规范，就一定能够较快地提升自身职业修养，而这种职业修养的提升，往往既包括自身仪容仪表、态度、语言、行为等外在礼仪修养的提升，又包括自身文化修养、精神气质、思想境界等内在品格修养的提升。这是因为礼仪是一个人内在品格的外在表现，一个人的内在品格修养与外在礼仪修养往往是相互联系、相互促进的。

2. 提升自身职业形象

幼儿教师自身职业修养的提升，与其自身职业形象的塑造有十分密切的关系。这是因为，形象是一个人给周围人尤其是与其打交道的人留下的综合性、系统性的印象，一个人的外在形象是由其仪容仪表，以及与人交往中的态度、言行等外在表现所决定的。一个人能自觉地在职业活动过程中遵守应有的礼仪准则与规范，表现出高雅的气质、不俗的风度，就一定能提升自身外在形象，进而塑造良好的职业形象。例如，讲究着装礼仪的人，可展示出高雅的形象；讲究言语礼仪的人，可展示出文明的形象；讲究行为礼仪的人，可展示出端庄的形象。总之，讲究礼仪，有助于个人塑造自身美好形象，发挥自身人格魅力。

毋庸置疑，幼儿教师通过学习与遵守职业礼仪，可以提高自身职业修养，提升自身美好职业形象，发挥自身人格魅力，这些都有利于其在幼儿、幼儿家长、同事当中获得较高的美誉度，表现自身的亲和力，进而树立自己的威望。幼儿教师的美誉度、亲和力、威望可以融聚为巨大的力量，极大地提高其所承担的保育和教育工作的质量。例如，从幼儿角度来讲，“亲其师，信其道”，幼儿教师的亲和力，其在幼儿群体中的美誉，其在幼儿心目中树立的威望，都会给幼儿留下美好的印象，从而拉近其和幼儿之间的距离。这样，幼儿教师对幼儿的引导、指导、要求更容易被幼儿所接受，从而促进幼儿教师更好地完成保育和教育工作，更好地提高保育和教育工作的质量。

3. 建立良好人际关系

遵守礼仪是良好的人际关系的保证。人们在交往之初，由于交往双方不是十分了解，必然会有一些戒备心，此刻如果交往双方都能做到真诚待人、平等待人、互相尊重，必然会互相产生好感和信任，那么双方的戒备心就会消除，双方的距离就会拉近，这些都为双方进一步交往建立良好开端。可以说，礼仪是人际关系的润滑剂，它指导着人们在社交中的言行举止，在人们的交往中起着不可或缺的协调作用，它有助于个人与个人、个人与集体、集体与集体之间营造相互尊重、相互理解、相互信任、友好、互助的氛围，建立融洽、和谐的关系。随着人类生活的社会化，礼仪在人们社会生活交往中发挥的作用越来越突出。

无论是幼儿、幼儿家长，还是单位同事，都喜欢和仪表不失端庄、谈吐不失礼、举止不出格、交往不失态，且文明礼貌、尊重他人的幼儿教师交往。幼儿教师学习与遵守幼儿教师职业礼仪，有利于自身与幼儿、幼儿家长、同事之间良好关系的形成，为自身开展保育和教育工作营造良好的氛围，实现保育和教育工作质量的快速提高。

4. 影响和培养幼儿知礼、懂礼、习礼

影响和培养幼儿知礼、懂礼、习礼，既需要幼儿教师的熏陶和影响，又需要幼儿教师的教育指导，还需要家庭礼仪教育的配合。

（1）幼儿教师的熏陶和影响。幼儿的年龄特点和心智发育水平决定了幼儿喜欢模仿，在幼儿心中幼儿教师就是他们模仿的对象。所以，在和幼儿朝夕相处的过程中，幼儿教师的仪容仪表、言谈举止、待人接物的方式最容易被幼儿学习、效仿，正所谓“言传身教”。因此，幼儿教师要努力学习并遵守幼儿教师职业礼仪，举止文明、作风优良、

为人师表，要努力通过自己的言行影响幼儿，给其带来心灵的美好启迪，进而影响其人格，熏陶其品行，帮助幼儿知礼、懂礼、习礼。

（2）幼儿教师的教育指导。礼仪教育是幼儿基本素质教育的重要内容，如果要对幼儿进行合理、规范的礼仪教育，幼儿教师首先要知礼、懂礼、习礼。从这一角度讲，掌握幼儿教师职业礼仪知识是幼儿教师必须具备的职业能力之一。幼儿教师只有掌握了相应的礼仪知识与技能，才可以为幼儿知礼、懂礼、习礼提供教育指导，帮助幼儿养成良好的语言、行为习惯和生活习惯。

（3）家庭礼仪教育的配合。幼儿教师对幼儿家长的影响与指导，在培养幼儿知礼、懂礼、习礼的过程中发挥着重要作用。这是因为，幼儿教师经常和幼儿家长联系、沟通和交流，明礼、讲礼的幼儿教师不仅可以通过自身的言行举止影响幼儿家长，还可以利用家园合作机会有针对性地对幼儿家长进行家庭礼仪教育指导，提升幼儿家长家庭礼仪教育水平，从而帮助幼儿家长更好地培养和教育幼儿知礼、懂礼、习礼。家庭教育和幼儿园教育齐头并进，形成合力，有助于幼儿快速养成良好的语言、行为习惯和生活习惯。

通过以上内容的学习，希望同学们认识到学习与遵守幼儿教师职业礼仪的重要性。同学们要认真学习、深入理解本课程所涉及的有关幼儿教师职业礼仪知识，紧密结合幼儿教育工作实际，将所学习的幼儿教师职业礼仪知识有效应用，不断提升个人职业礼仪水平，才能快速成长为幼儿喜欢、家长信任、同事尊重的幼儿教师。

思考·练习

1. 说说你对下列观点的看法。

（1）幼儿太小，不懂事，教师不需要在幼儿面前讲礼仪。

（2）幼儿太小，不懂事，没有必要在礼仪方面对其进行严格要求，也没有必要在礼仪方面对其进行培养。

（3）内在品格修养高的人一般能表现出高的外在礼仪修养，外在礼仪修养高的人一般具有高的内在品格修养。

2. 说出下列格言的出处及其表达的含义。

（1）凡人之所以为人者，礼仪也。

（2）言传身教。

（3）近朱者赤。

3. 为什么说幼儿教师学习与遵守幼儿教师职业礼仪，不仅可以提高自身职业修养，提升自身职业形象，使自身充满人格魅力，还会在幼儿、幼儿家长、单位同事当中获得较高的美誉度，有助于树立自己的威望？

4. 你计划如何学好幼儿教师职业礼仪知识？

第一章
保教常规活动礼仪

幼儿园是幼儿生活、学习的场所。幼儿每日从入园到离园，其日常活动包括两大类，即保育活动和教育活动。其中，保育活动主要是指生活活动，尤其是日常生活常规活动，如入园、晨检、晨间活动、如厕、盥洗、进餐、午休、离园等。

幼儿教师在组织幼儿进行保教常规活动过程中，要遵守幼儿教师职业礼仪，不断提升自身职业素养，以积极的态度、文明的言行给幼儿以正确的示范和影响；要对幼儿进行礼仪规范的指导，培养幼儿养成良好的语言、行为习惯和生活习惯。

第一节　入园、晨检、晨间活动礼仪

入园是幼儿在幼儿园一日生活的开始，也是幼儿每日离开家庭，进入幼儿园的过渡环节。俗话说，“好的开始等于成功的一半”。做好幼儿入园及晨检等环节的有关工作，对于稳定幼儿情绪、调动幼儿入园的积极性、引领幼儿愉快度过一日的幼儿园生活有重要作用。

一、入园

1. 幼儿入园前的准备

做好幼儿入园工作，要从迎接幼儿入园前的准备工作开始。

（1）幼儿教师要在幼儿入园前与幼儿家长做好沟通，提醒幼儿家长做好相关准备。例如，入园幼儿着装要舒适、干净；幼儿家长要按要求帮助幼儿带齐所需生活用品和学习用品；不带零食及危险品；确保幼儿按时入园，不在入园过程中吃零食；如遇特殊情况，要及时告知幼儿教师。

（2）幼儿教师要在幼儿入园前做好准备工作。例如，整理好自身仪容仪表；按照幼儿园要求的时间准时入园；提前准备好教室，包括打扫教室卫生、开窗通风等；做好幼儿入园接待的其他准备工作。

知识拓展

幼儿教师在组织幼儿活动过程中的基本礼仪要求

第一，时刻注意自己的仪容仪表、仪态，做到大方得体、和蔼可亲、文明有礼。即使在批评幼儿的时候，也不做夸张的表情，以免幼儿受到惊吓。

第二，时刻注意自己的语气和措辞，做到语气既活泼又轻柔，措辞简单明了，且容易被幼儿接受。

2. 幼儿入园

幼儿入园时，教师要以和蔼、亲切的态度接待幼儿和幼儿家长，礼貌地向幼儿和幼儿家长问好，同时，要引导幼儿在遇到本班小朋友和认识的其他班级的小朋友时主动问声“早上好”。

对于有特殊情况的幼儿，幼儿教师要更加耐心、细心地与幼儿家长做好交接工作，尤其是要做好个别不愿入园幼儿的安抚工作。例如，抓住或创造机会转移这类幼儿的注意力，让幼儿发现如果能留在幼儿园，会很有乐趣，使其忘记不愉快，较快地融入幼儿园生活当中。

和幼儿家长交接完毕，幼儿教师除了自己和幼儿家长道别外，还要引导幼儿和其家长道别，并向家长说“谢谢 ×× 来送我”“×× 再见”。

讨论

请同学们说说自己对以下做法的看法：

有的幼儿教师认为，对于反复表现出不愿入园情绪的幼儿，幼儿教师可以表现出生气的样子，让幼儿知道“再哭老师就不喜欢你了”，或给幼儿一点下马威，“再闹老师就把你关进小黑屋”，他们认为这样做往往有效果。

你认为呢？

二、晨检

1. 晨检主要内容及其重要性

晨检即晨间检查，主要内容包括检查幼儿身心健康状况、仪容仪表、个人卫生、携带物品是否安全等。

晨检是幼儿园一日生活常规活动的重要组成部分，是排查幼儿身体不适、排查安全隐患、预防疾病传播、保护幼儿健康的重要一步。

2. 晨检各步骤具体内容

（1）入园晨检。入园晨检在幼儿园大门口进行，主要由幼儿园值班领导、幼儿教师和门卫负责。幼儿进入幼儿园时必须测量体温，如果体温正常，用稀释的免洗消毒液进行手部消毒后方可进入幼儿园。对于不愿意进行手部消毒的幼儿，晨检负责人员要耐心劝导，指导或帮助幼儿完成手部消毒。

（2）教学楼晨检。教学楼晨检在幼儿园教学楼门口或大厅进行，由幼儿园保健医生和值班教师负责。教学楼晨检的主要内容为查看幼儿精神状况是否良好，外露部分的皮肤及口腔内是否有皮疹、疱疹等。检查时注意不要用手直接接触幼儿，口腔等部位检查可以通过示范引导幼儿自行操作，保健医生和值班教师仔细观察。

（3）班级晨检。班级晨检在幼儿所在班级的教室进行，由班级值班教师负责。在教室内，值班教师首先要进行晨间点名，并根据班级花名册做好记录。对于未入园且未请假的幼儿，需要及时与其家长联系，明确原因。在做好点名工作的基础上，值班教师要利用对本班幼儿比较熟悉的有利条件，进一步观察当日入园幼儿精神状态及面色等。

3. 晨检负责人员应当注意的其他问题

整个晨检过程中，晨检负责人员态度要和蔼、亲切，语气要轻柔，要耐心引导幼儿积极参与、配合晨检。

晨检时间也是幼儿集中入园的时间，因此保障晨检有序进行至关重要。在班级晨检时，几十名幼儿已经集中到教室中，晨检负责人员既要注意营造愉悦、轻松的氛围，又要注意维持秩序，以保障晨检顺利进行。当出现幼儿不愿意配合晨检的情况时，要注意耐心引导、劝导、示范，切忌训斥幼儿，强行晨检。

不论哪一个步骤的晨检，一旦发现问题，切不可当着幼儿的面表露情绪，更不可采取简单粗暴的方式草率处理，要根据问题大小和幼儿园有关规定、预案等及时、妥善做出处理并做好记录、存档。应当和幼儿家长沟通的问题一定要及时和幼儿家长联系，应当向上级报告的问题一定要及时向上级反馈。

知识拓展

班级晨检巧点名

传统的点名方式一般是被点名的人听到负责点名的人叫到自己的名字时答“到”。这种方式如果反复使用，会使人感到枯燥，对特别喜欢新鲜事物的幼儿来说更是如此。鉴于此，幼儿教师在班级晨检点名时要交叉使用多种方式。例如，采用传统的点名方式时，除了采用幼儿教师直接点名的方式外，还可以采用幼儿轮流值日点名的方式（值日小班长点名）；也可以让幼儿自报姓名，教师对照花名册记录；对于新组建的班级，可以采用自我介绍式的点名方式，如让幼儿在说出自己的名字后再说说自己的爱好、特长等。有的幼儿教师在组织班级幼儿点名的同时，把自己也列入点名名单中，这不仅可以让幼儿更好地熟悉幼儿教师，还能调动幼儿参与点名的积极性。

讨论

有人说，不被幼儿发现的检查方式和处理问题的方式最能被幼儿接受。你是如何理解这一观点的？

三、晨间活动

班级晨检结束后，幼儿开始晨间活动，晨间活动的地点是教室或活动室。除了值日幼儿（值日生）要先开展值日相关活动外，晨间活动一般是由幼儿自由选择活动形式与内容，即自选活动。

教师在组织晨间活动过程中要做到以下几个方面：

第一，结合近期正在开展的主题活动，提供足量的晨间活动材料，并按区域分类摆放。

第二，结合幼儿兴趣爱好，引导幼儿自由选择活动材料、活动项目。

第三，要主动而又自然地参与到活动中，根据幼儿需要，适时以活动参与者的身份耐心、细心地为幼儿提供科学指导。

第四，活动结束，以师幼相互讨论的方式，以表扬、鼓励为主做针对性讲评；组织幼儿整理好玩具及材料，并放回原处。

第五，幼儿教师要时刻巡视，注意所有参与活动的幼儿的安全。

案例

藏起来的珠子

初秋，春芽幼儿园中（3）班新来了一位小朋友妞妞，主班教师王老师热情地把妞妞介绍给班里的小朋友们，并嘱咐大家和妞妞要做好朋友。听话的娇娇主动和妞妞打招呼，两位小朋友很快就熟悉起来了，不仅当天下午一起玩游戏，离园时还互相打了招呼。当王老师正在为妞妞能够迅速融入小朋友当中而高兴的时候，妞妞妈妈就打来了电话，说妞妞下午从幼儿园回家就嚷着耳朵疼，她赶紧带妞妞去了医院，医生发现妞妞耳朵里被塞了一颗小珠子，幸亏塞得不深，最终借助仪器取了出来。

医生在给妞妞取珠子的过程中了解了原因，原来是妞妞和娇娇一起玩的时候，看到娇娇衣服上装饰的小珠子很好玩，娇娇就大方地扯下来一颗送给妞妞。妞妞把珠子塞到耳朵里，还对娇娇说“先保存在耳朵里，放学后回家再取出来”。

幼儿园晨检负责人员一般都会认真检查幼儿是否携带危险物件，但是很容易忽视幼儿衣服上的装饰品。其实，有些衣服的装饰品同样存在安全隐患。所以，幼儿教师要提醒幼儿家长尽量给幼儿穿款式简洁、舒适安全的衣服，保证幼儿穿着的衣服上没有容易引起危险的装饰品。

第二节　如厕、盥洗礼仪

如厕和盥洗不仅是幼儿在幼儿园进行的次数较多的生活常规活动，对于幼儿来说也是比较复杂甚至具有挑战性的生活常规活动。幼儿教师要注重培养幼儿独立如厕和盥洗的能力，帮助其养成良好的如厕和盥洗习惯，这对保障幼儿身心健康具有特别重要的意义。

一、如厕

讨论

“如厕”为什么不说成“入厕”？

1. 如厕时间的引导

为了培养幼儿如厕习惯，幼儿教师要帮助幼儿养成如厕规律。例如，在班级晨检后、晨间活动后、集体活动前后、用餐前、午睡前后、离园前等都要提醒幼儿如厕。

幼儿教师要告诉幼儿，有尿急、便急等情况可以随时告诉老师。幼儿教师不能限制幼儿如厕次数，更不能为了减少幼儿如厕次数，限制幼儿喝水。

2. 如厕方法的指导

指导幼儿如厕是较为烦琐的过程，幼儿教师一定要充满耐心，细心做好以下几个方面工作：第一，指导幼儿识别男女厕所标志。第二，集体如厕时，引导幼儿自觉排队；如个别幼儿出现紧急情况，则可特殊处理。第三，指导幼儿正确穿脱衣裤，正确用卫生纸擦屁股，防止衣裤弄湿。第四，指导幼儿正确冲马桶。第五，指导幼儿科学地洗手。

3. 幼儿教师在其他方面应当注意的问题

为了让幼儿尽快学会如厕，养成良好的如厕习惯，除了做好如厕时间的引导、如厕方法的指导外，幼儿教师还要注意以下几个方面的问题：第一，为幼儿创造良好的如厕环境，保证厕所环境干净、空气流通。第二，对于个别容易拉裤子、尿裤子的幼儿，应当保护其自尊心，采取有技巧的方法处理突发情况，不能粗鲁对待幼儿，也不能取笑幼儿。第三，要留心观察幼儿大便情况，发现异常及时与保健医生、幼儿家长联系。

幼儿教师要耐心细致地指导、引导幼儿，培养其独立、正确如厕的习惯，在其大小便出现异常时幼儿教师要及时通知幼儿家长。

知识拓展

幼儿拉裤子，教师巧处理

1. 不动声色

幼儿教师要养成细心观察的习惯，一旦有幼儿拉裤子，凭借职业敏感就能立即发现。如果是在集体场合，幼儿教师要装作若无其事的样子找理由把幼儿带离集体场合。如果其他幼儿先发现了该幼儿拉裤子的情况，幼儿教师也不要表现得过于紧张，而是要尽可能地缩小这件事的知晓范围。如果拉裤子的幼儿表现出难为情或情绪紧张，幼儿教师要态度温和地宽慰幼儿，如和幼儿说“老师上幼儿园的时候也拉过裤子”等，以迅速拉近师幼距离，帮助幼儿克服害羞甚至恐惧的心理。

2. 点面兼顾

一旦有幼儿在集体场合拉裤子，幼儿教师既要及时处理好拉裤子的幼儿的情况，同时也要想办法把其他幼儿安排好，避免管理缺位。

3. 注重细节

幼儿园要常备卫生纸、温水、毛巾和幼儿替换衣服。一旦有幼儿拉裤子，幼儿教师要熟练地为幼儿脱衣服、擦屁股、洗屁股、换衣服，同时要满足“轻、快、温、爽”四点要求，即动作轻柔，迅速利落；如果是冬天要保证室温、手温、水温及毛巾温度和替换衣服温度适宜，操作完成后要保证幼儿感到干爽舒适。如果幼儿在独处情况下发生拉裤子的情况，通过以上操作即可处理妥当。如果是在集体场合发生个别幼儿拉裤子的情况，通过以上操作处理妥当后，幼儿教师要找合适的理由让幼儿回归集体，并在幼儿家长来接幼儿时单独反馈给幼儿家长。反馈的目的不是向幼儿家长告状也不是责备幼儿家长，而是向幼儿家长告知事情已经被妥善处理，同时幼儿教师可以和幼儿家长交流经验，共同引导、帮助幼儿克服拉裤子的困扰。

4. 防患于未然

对于幼儿拉裤子的情况，幼儿教师要留心观察，在弄清原因的基础上采取适当措施尽可能规避这种情况的发生。假如幼儿不会独立、正确如厕，幼儿教师要教会其如厕；假如幼儿缺少时间观念，幼儿教师要提醒其定时如厕；假如幼儿身体不适，幼儿教师要立即带其看医生并及时联系、告知幼儿家长。总之，幼儿教师要尽量通过各种努力防患于未然。

二、盥洗

讨论

你从“盥”字的组成与结构中能够看出“盥”字的哪些含义？

1. 盥洗时间的引导

幼儿教师要教育和引导幼儿保持手、脸、口腔始终干净。为了实现上述目标，要引导幼儿养成在餐前、便后、活动后洗手，餐后用温开水漱口的习惯。个别幼儿出现特殊情况，弄脏手或脸，要及时帮助其洗干净。

2. 盥洗方法的指导

以洗手为例，目前严格的做法是采用如图 1–1 所示的“七步洗手法”。

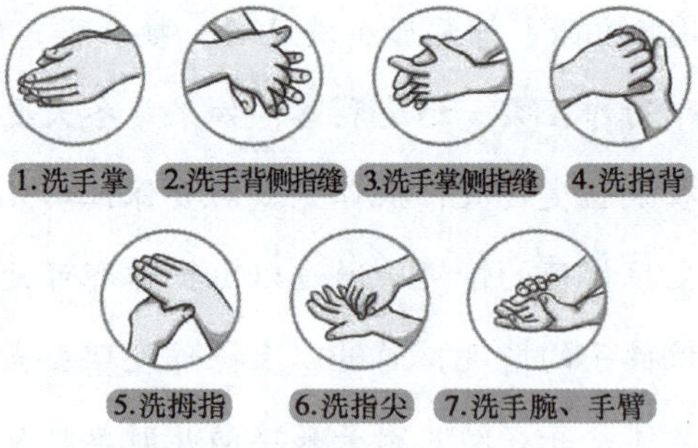

图 1–1　“七步洗手法”示意图

上述“七步洗手法”，每一步至少需要 15 秒，其中，第 2、4、5、6、7 步左、右手需要交替进行，每步至少需要 30 秒。

幼儿教师在指导幼儿采用上述“七步洗手法”洗手的过程中，有以下几点需要特别指导幼儿：洗手掌之前，要卷好袖子；洗手时，要轻轻拧开水龙头，用较小水流将手打湿；关上水龙头后，要取适量洗手液，均匀地涂抹在双手手掌、手背、指缝和指尖；洗手腕、手臂之后，要学会打开水龙头，用较小水流将手冲洗干净；冲洗干净后，要关上水龙头，将手在水池内轻轻甩两下，以甩干手上的水，再用自己的毛巾把手擦干。

讨论

在新冠肺炎疫情发生以前，一般推荐使用“六步洗手法”。请同学们通过查找资料，总结出“六步洗手法”和“七步洗手法”的区别。

3. 幼儿教师在其他方面应当注意的问题

为了让幼儿尽快学会盥洗方法，养成良好盥洗习惯，幼儿教师除了对幼儿盥洗时间进行引导、盥洗方法进行指导外，还要注意以下几个方面：

（1）要采用幼儿喜欢的方法，经常向幼儿宣传良好盥洗习惯对幼儿的积极作用，调动幼儿自觉盥洗、主动盥洗的积极性。其中，创设科学而具有童趣的盥洗环境，如将卫生与健康、科学盥洗、节约用水等有关内容的贴画、挂图悬挂在幼儿盥洗的地方，吸引幼儿的注意力，激发幼儿的兴趣，是经过实践检验行之有效的做法。

（2）集体盥洗时，组织幼儿有序地盥洗，对于中班和大班的幼儿，还可以安排其轮流做值日生检查其他幼儿盥洗结果。

（3）多数幼儿都喜欢玩水，所以盥洗过程中幼儿教师要注意引导幼儿不要随地洒水，不要向小伙伴身上洒水。事实上，即使幼儿教师事先已经提醒，往往还会有幼儿这样做，这时幼儿教师要表现出耐心，使用科学的方法提醒幼儿节约用水、注意安全。

（4）当幼儿盥洗中把地面等公共环境弄脏或把衣服等个人物品弄湿时，幼儿教师要及时采取措施，消除安全隐患，尤其要预防幼儿在湿滑地面摔倒和幼儿因穿着大面积湿凉的衣服而着凉生病。

第三节　进餐、午休礼仪

对处于生长发育最旺盛时期的幼儿来说，良好合理的健康饮食习惯至关重要。这是因为食物除了能为幼儿日常活动提供能量外，更重要的是可以为幼儿的身心发展提供营养物质保障。午休可以调整幼儿的身体机能，使其为下午开展活动做好身心准备。

一、进餐

一般情况下，幼儿在幼儿园进餐主要包括吃早餐，午餐（也称正餐），晚餐和上、下午各一次的加餐。本节主要以幼儿教师指导幼儿吃午餐为例进行学习。

1. 进餐前

做好进餐前的准备是保障幼儿顺利进餐的基础，进餐前幼儿教师要在以下几个方面对幼儿进行引导：

（1）进餐前 30 分钟（加餐前 15 分钟）不组织幼儿进行大运动量的活动。

（2）营造愉快、安静的进餐环境。

（3）提醒有如厕需要的幼儿及时如厕。

（4）组织幼儿洗手。

（5）组织幼儿入座。

（6）组织幼儿分发餐具如勺子、筷子（中班、大班幼儿）、碗、餐盘、残渣盘（可以共用）等。中班和大班幼儿可以协助幼儿教师分发餐具。

（7）向幼儿介绍当餐饭菜品种及其营养，引起幼儿对当餐饭菜的兴趣，增加幼儿的食欲；有的饭菜要向幼儿介绍或演示其食用方法。

2. 进餐时

幼儿进餐过程是整个进餐活动的主要阶段，进餐过程中幼儿教师要做好以下几个方面的工作：

（1）指导幼儿正确使用餐具。例如，使用勺子尤其是使用勺子喝汤时，要指导幼儿一手拿勺子一手扶住碗。

（2）引导、帮助幼儿养成良好的进餐习惯。例如，提醒幼儿以下几点：饭菜要搭配吃，细嚼慢咽，不吃汤泡饭；不咂嘴，不喧哗，不边吃边玩，不随便用手抓饭菜；将餐余垃圾放入残渣盘，不乱撒饭菜，更不随便倒饭菜；不挑食，没有特殊情况不剩饭菜。

（3）注意不要一刀切，照顾到幼儿个体需要。例如，对于用餐速度慢的幼儿，要给其更多的用餐时间。尤其在冬天，更要照顾到用餐慢的幼儿的需要，尽量避免他们因为进餐速度慢而吃冷饭。

讨论

挑食是幼儿非常常见的问题，如何纠正幼儿挑食的习惯是幼儿教师和幼儿家长面临的共同难题。针对这个问题，请大家各抒己见，提供有效的解决办法。

3. 进餐后

幼儿教师要注意做好以下几个方面的工作：

（1）要提醒幼儿轻放板凳或椅子，将餐具送回指定位置，视情况组织幼儿力所能及地打扫餐厅的卫生。

（2）指导幼儿餐后漱口、擦嘴，必要时提醒幼儿餐后洗手。

（3）进餐后 30 分钟（加餐后 15 分钟）内不组织幼儿进行大运动量的活动。

4. 幼儿教师应当重点关注的问题

（1）思想上高度重视幼儿进餐。食物为幼儿的日常活动和身心健康发展提供了保障，对幼儿有重要的意义，所以，幼儿教师一定要从思想上高度重视幼儿的进餐。

（2）努力为幼儿营造愉快、安静、安全的进餐环境。例如，在实际指导幼儿进餐过程中，幼儿教师要态度和蔼，耐心、细心，指导方法要易于被幼儿接受；不可以板着脸批评幼儿，对幼儿发脾气，以免幼儿情绪低落无法正常进餐。同时，除了餐具等要符合《托儿所幼儿园卫生保健工作规范》的要求外，幼儿教师还要及时处理进餐过程中幼儿出现的异常情况，做好记录并按规定及时上报。

二、午休

1. 睡前准备

幼儿教师主要要做好以下几个方面的准备：

（1）营造安静、适宜的睡眠环境。例如，除了要注意减少室内外的噪声外，还要注意控制室内的温度、光线。

（2）提醒幼儿如厕，如厕幼儿较多时要注意维持秩序。

（3）引导幼儿安静地进入寝室，找到各自床位。

（4）指导或帮助幼儿脱、放外套、鞋袜。

（5）检查幼儿的床铺，确保无安全隐患。如存在安全隐患，要及时消除并做好记录，有较大安全隐患时要按规定及时上报。

讨论

在幼儿园集体午睡前，总有些幼儿有说不完的话、办不完的事，还有些幼儿要玩耍甚至吵闹一阵。如何才能处理好这些问题，让幼儿按时午睡？请大家集思广益，说说各自想到的好办法。

2. 睡中照料

（1）幼儿午睡过程中，要确保有专门的幼儿教师值班、巡视。幼儿教师主要要做好以下几个方面的工作：

1）纠正个别幼儿的不科学睡姿，如趴卧、蒙头睡觉等。

2）及时帮助踢被子的幼儿盖好被子。

3）照顾好入睡困难或有其他特殊需要的幼儿。

4）及时发现并正确处理安全隐患。

5）做好值班记录，有关事项按规定及时上报。

（2）幼儿教师在巡视、照料过程中应注意的事项：

1）要始终在幼儿午睡寝室巡视，如果有紧急情况需要离开，必须事先安排好交接人员并做好交接班。

2）要做到专心、细心、耐心地巡视、照料。例如，不看书、看报，不玩手机，不干私活，不打盹睡觉；及时发现、处理特殊情况，处理过程中要做到轻声细语，尽量不打扰正在午睡的幼儿；对于入睡困难或有其他特殊需要的幼儿，要耐心地给予引导、指导、帮助；对不午睡的幼儿，可安排其到活动角活动，并引导其安静地玩耍。

讨论

说一说你知道的婴幼儿催眠曲，你是否能弹奏或者哼唱它？

3. 睡后指导

幼儿教师主要要做好以下几个方面的工作：

（1）以《起床操》唤醒幼儿，提醒幼儿起床。

（2）指导幼儿穿好衣服，整理自己的床铺。如有幼儿需要帮助，幼儿教师要给予帮助。

（3）引导、组织幼儿有序地进行盥洗、喝水、吃加餐等。

（4）在开展以上几个环节的工作时，要留意观察幼儿午睡后的健康状况，发现异常及时与保健医生联系，如有必要，要及时联系幼儿家长，妥善处理突发情况。

讨论

学过本节内容以后，谈谈你对“食不言，寝不语”的看法。

第四节　离园礼仪

离园是幼儿在幼儿园一日生活常规活动的结束环节，也是幼儿一天中离开集体，回到家庭的过渡环节。幼儿教师要组织幼儿做好离园准备，以顺利完成与幼儿家长的交接、交流。

一、幼儿离园准备

幼儿离园前幼儿教师要做的准备工作主要包括以下四个方面：第一，需要幼儿带回家的物品的检查与整理；第二，幼儿园的物品包括公共物品的检查与整理；第三，教室、活动室等地方的环境卫生的检查与整理；第四，幼儿个人卫生包括仪容仪表的检查与整理。

临近离园时，幼儿可能出现情绪不稳定的情况，这会导致幼儿容易忘记带上自己需要带回家的物品，或者误拿其他幼儿的物品，所以，在离园准备过程中，幼儿教师要注意以下几点：

第一，采取针对性的措施稳定幼儿的情绪。例如，可以组织幼儿对自己当日在幼儿园的表现进行总结，幼儿教师通过讲评启发每个幼儿发现自己的长处，看到自己的进步，使幼儿肯定自己在幼儿园的表现，从而调动幼儿接受保育和教育的积极性。

第二，组织、引导幼儿按照上述离园前准备工作的顺序逐项进行检查与整理。

第三，在每个项目的检查与整理过程中，做好巡视、提醒、指导、评估，以确保幼儿离园前准备工作做到位。例如，在对幼儿园物品的检查与整理过程中，要引导幼儿检查自己所用的幼儿园物品是否有损坏，是否都放回原处；在对个人卫生的检查与整理过程中，要引导幼儿检查自己的衣服是否穿戴整齐，手、脸、衣服是否干净整洁。

第四，上述检查与整理工作结束后，如果还有空余时间，可以组织幼儿开展自选活动，等待幼儿家长来园接走幼儿。开展活动，转移幼儿注意力，是稳定幼儿情绪的有效措施。

二、与幼儿家长交接

与幼儿家长交接过程中，幼儿教师要注意以下几点：

第一，注意严格确认来幼儿园接幼儿的家长的身份，严防幼儿被陌生人接走。

第二，与特殊幼儿如生病或在幼儿园期间出现其他异常情况的幼儿的家长做好交接。

第三，根据需要，和幼儿家长就幼儿在幼儿园的表现、幼儿家长需要配合的地方、家庭教育的方式方法等进行交流，也可以就前一阶段幼儿园、班级对幼儿保育和教育的情况，以及下一阶段幼儿园的保育和教育计划等向幼儿家长征求意见。

三、道别

离园道别也是幼儿教师职业礼仪应用及幼儿教师对幼儿礼仪培养的重要环节。这一环节看似简单，实际上是比较复杂的，这一环节既包括幼儿教师和接幼儿的家长打招呼，和离园幼儿道别；也包括幼儿和幼儿家长打招呼，和幼儿教师道别，和班级其他幼儿或者其他班级认识的幼儿道别。幼儿教师要注意引导幼儿主动和其家长打招呼，并向劳累了一天还亲自来接自己的家长道一声“辛苦”“谢谢”。

与幼儿和幼儿家长道别以后，幼儿教师要进一步检查幼儿园活动场所的整理是否完成，并做好一日工作总结及次日各项活动的准备。

案例

奶奶接孙子，教师惹麻烦

离园了，幼儿园小（2）班的赵老师和幼儿家长有序进行交接。当看到几个月没来接送孩子的豆豆奶奶时，赵老师疑惑地问道："豆豆奶奶，怎么这么长时间不来接送豆豆了？"豆豆奶奶向赵老师解释："这一段时间我忙，就让豆豆妈妈来接送豆豆了。现在我有时间了，从今天开始我来接送豆豆。"看到奶奶，豆豆很高兴，祖孙俩兴高采烈地走了。不一会儿，豆豆妈妈来了，赵老师告诉豆豆妈妈："豆豆让奶奶接走了。"豆豆妈妈立刻就不高兴了，责备赵老师说："你怎么不和我联系就让别人接走豆豆？"赵老师感到意外而且有些委屈地说："那是豆豆的奶奶，不是别人，我认识的。"豆豆妈妈无奈之下只好把自己家几个月以来发生的变故告诉了赵老师。原来，几个月以前，豆豆的爸妈离婚了，豆豆妈妈和豆豆奶奶家因为豆豆的抚养问题争得不可开交，豆豆目前和妈妈生活在一起，并且每天由妈妈接送上下学。今天豆豆妈妈半路车子发生了故障，等赶到幼儿园时豆豆已被跟踪多日的奶奶接走了。赵老师听后反复解释和道歉，园长也出来解围，但豆豆妈妈还是很生气地说："要不回豆豆，我还会来找幼儿园的。"

赵老师虽然认识豆豆奶奶，但是豆豆已经很长时间都是由妈妈接送了。赵老师虽然对豆豆奶奶的突然出现有疑惑，但没有进一步和豆豆妈妈联系、核实，导致这次风波发生。因此，如果幼儿固定由某位家长接送，一旦换人，即使是幼儿的亲人，幼儿教师也要与固定接送幼儿的家长联系、核实，以免出现意外情况。

第五节　幼儿游戏活动指导礼仪

幼儿游戏活动是幼儿园保育及教育最常见的活动。幼儿教师作为幼儿游戏活动的引领者、指导者、参与者和合作者，学习和掌握幼儿游戏活动礼仪，对于提升自身素质、培养幼儿礼仪素养、更好地开展幼儿游戏活动有非常重要的作用。

一、引导幼儿自主选择游戏主题和游戏同伴

引导幼儿自主选择游戏主题和游戏同伴，就是尽力满足幼儿自主选择游戏的愿望。

幼儿教师引导幼儿自主选择游戏主题和游戏同伴时，可采取以下做法：每次游戏活动开始前，组织幼儿一起商讨，可以让选择相同游戏主题的幼儿组成一个游戏小组，也可以让幼儿与喜欢一起玩的同伴先组成一个游戏小组再选择游戏主题。

在引导幼儿自主选择游戏主题和游戏同伴的过程中，幼儿教师需要注意以下几点：第一，有的幼儿选择能力较弱，会出现无所适从的情况，幼儿教师要对这类幼儿多加关注，鼓励他们大胆选择、主动交往，还可以引导主动性较强、积极性较高的幼儿邀请选择能力较弱的幼儿加入他们的游戏小组当中。第二，在选择游戏主题和游戏同伴的过程中，有些幼儿之间会因为选择游戏主题不同产生分歧，或会因为选择游戏同伴不同出现分歧。对于分歧，幼儿教师要及时引导幼儿，使其通过同伴间讨论协商、取长补短、求同存异，找到解决问题的最佳方案，化解分歧；同时，幼儿教师还要引导幼儿讲礼貌、讲团结，爱同学、爱集体，使他们以此为基础化解分歧。

讨论

如果在你指导幼儿开展游戏的过程中发生了幼儿争抢玩具的现象，你会如何处理？

二、和幼儿一起布置游戏场地和准备游戏材料

1. 布置游戏场地

合适的游戏场地是开展幼儿游戏的一个必要条件，幼儿教师要做好以下几个方面的工作：

（1）幼儿教师要尽最大努力为幼儿提供足够宽敞的游戏场地，避免因场地空间过小而影响游戏计划，甚至引发幼儿间的矛盾、冲突。

（2）布置游戏场地时，幼儿教师要让幼儿有参与感，可以让其参与游戏场地设计、游戏场地布置。

（3）游戏场地布置完毕，要组织、引导幼儿检查游戏场地布置是否完备、是否合理，不符合游戏要求的部分要进行整改。

2. 准备游戏材料

游戏材料是开展幼儿游戏的另一个必要条件。关于游戏材料的准备，幼儿教师要做好以下几个方面的工作：

（1）和幼儿一起，根据游戏内容列出所需要的材料清单。

（2）和幼儿一起，在现有材料中挑选出材料清单中的材料。

（3）引导幼儿“废物”再利用，节约成本，保护环境，和幼儿一起共同收集可再次利用的材料。

（4）鼓励幼儿自带游戏材料，尤其是幼儿喜欢的、新颖的、不常见的游戏材料。

（5）通过上述多种途径收集的游戏材料要丰富、有趣、有层次，并且要符合安全要求。游戏材料丰富主要是指针对游戏中需要的具备某种功能的游戏材料，幼儿教师要尽可能提供多种类型的材料或替代材料供幼儿选择，这有利于发挥幼儿的主动性和创造性。游戏材料有趣主要是指准备的游戏材料要富于变化，有趣，而且要符合幼儿的喜好，以调动幼儿的积极性。游戏材料有层次主要是指准备的游戏材料要符合不同年龄段幼儿的年龄特点，以激发不同年龄段幼儿的兴趣。

三、引导幼儿自主体验游戏过程

准备好游戏场地和游戏材料，幼儿也选择好游戏主题和游戏同伴后，就可以进入游戏过程环节了。

幼儿教师引导幼儿自主体验游戏过程是指幼儿教师要引导幼儿自主选择游戏内容、游戏方式等，实际上就是让幼儿自主选择“玩什么、和谁玩、怎么玩”。

幼儿教师在引导幼儿自主体验游戏过程时，应当注意以下几点：

第一，整个游戏过程中都要保障幼儿安全，即幼儿教师要保障幼儿游戏在游戏场地安全、游戏材料安全基础上的游戏过程安全。

第二，根据游戏过程的需要，择时进行引导。例如，当幼儿之间因为游戏的玩法、游戏材料的使用、游戏场地的使用等出现分歧或纠纷，导致游戏气氛紧张时，幼儿教师应当及时进行引导；当幼儿在游戏中遇到困难，主动寻求帮助时，或者当幼儿在游戏中遇到挫折，难以自己解决，想主动放弃时，幼儿教师应当及时进行引导。

第三，根据幼儿的年龄特点和幼儿的个体情况，因人引导，因才引导。

第四，不能改变幼儿在游戏中的主体地位。为了充分发挥幼儿的主观能动性和创造性，幼儿教师在幼儿游戏时要尽量避免不必要的“干预”，更不能把引导变成替代。

下面的案例在引导时机和引导方法方面可能会给大家提供有益的借鉴。

案例

“救人”

游戏活动时间到了，前两天刚刚看到邻居家老人去世发丧仪式的李杰，和刘佳、张靓商量着玩“死人”游戏。李杰躺在床上假装死了，刘佳、张靓就开始哭。听见哭声的王老师立即过来问道：“发生什么事了？”刘佳告诉老师：“爸爸死了。”王老师了解了他们玩的游戏后，赶忙听了听“爸爸”的胸口，庆幸地说：“心脏还在跳动，没死，快，赶快救人。”大家一听说“救人”，赶快七手八脚地行动起来，有的小朋友还跑到“医院”去叫“医生”，刚才还在玩的“死人”游戏被抛到九霄云外。

李杰三人最初玩的游戏显然是不适合他们的，但是，王老师既没有责怪他们，也没有强制他们停止游戏，而是很巧妙地将他们正在玩的对他们有消极影响的“死人”游戏，转换成对他们有积极影响的“救人”游戏。可以说，王老师在尊重幼儿游戏自主性的同时，做到了引导适时、适当，使游戏发挥了积极的作用。

四、引导幼儿充分分享游戏经验

幼儿游戏过程结束，幼儿教师要组织幼儿进行游戏讲评。游戏讲评是幼儿分享游戏经验的最佳机会，所以，与游戏其他环节一样，游戏讲评的主体也是幼儿。幼儿教师要注意避免直接总结游戏的做法——变“大家讲”为“一言堂”，可适当引导幼儿进行讨论，允许、鼓励幼儿发表不同意见，还可巧妙点评幼儿的发言，使游戏经验分享达到预期的目的。例如，幼儿教师可以用启发式提问，提出“请小朋友们讲一讲，今天玩的什么？”“和谁一起玩的？”“玩的开心吗？”等看似简单而随意的问题，引导幼儿讲述自己的游戏体验和游戏感受。幼儿教师要认真倾听幼儿的发言，善于捕捉幼儿发言中的关键信息。对于幼儿讲述的积极的经验尤其是新颖的玩法、解决难题的方法等，要给予肯定、表扬；对于幼儿提出的疑问，要以鼓励的口气引导其他幼儿群策群力想出解决的方案；对于幼儿讲述的消极的经验，要及时引导，可通过组织幼儿集体讨论使其认识到错误并积极改正。

下面的案例在游戏分享方面可能会给大家提供有益的借鉴。

案例

这样吃烤串有危险

游戏活动时间，赵老师正在游戏角巡视，指导大班幼儿分组玩游戏。燕燕和亮亮拿着“烤串”从“串烧店”里出来，一边吃着一边来到“银行”。赵老师走上前和两位小朋友打招呼：“‘串烧店’里不是有坐的地方吗？还是吃完了再出来更好。”燕燕回答道：“我和妈妈一起逛街的时候，都是买了烤串带着，一边吃一边玩的。”赵老师耐心地向燕燕解释说：“一边吃一边玩会分散精力，烤串的签子容易扎到自己。再说，这里有好多小朋友在你们周围玩，如果不小心也会扎到他们的。”听了老师的话，燕燕和亮亮说道：“这样吃‘烤串’有危险，我们还是回到‘串烧店’，找座位坐下，把剩下的‘烤串’吃完了再出来吧”。

为了引起其他幼儿的重视，赵老师在游戏分享过程中专门让燕燕和亮亮叙述了刚刚发生的事，结果有好几个幼儿说平时自己就是买了烤串一边吃一边玩的，还有的幼儿说自己跟家长一起时也是这样做的。发现这一现象后，赵老师又专门找来几根“烤串”，演示并讲解了一边吃“烤串”一边走动、玩耍对自己、对他人的危害。经过回顾、讨论、点评、总结，终于所有幼儿都认识到了一边吃烤串一边走动、玩耍的危害，有的幼儿还说回家要告诉家长不能这样做。

知识拓展

幼儿游戏指导过程中常用的引导性语句

1. 询问式语句

幼儿教师可用询问的方式引出幼儿面临的问题，然后把需要解决的问题用简单易懂的语言告知幼儿，引导他们用自己的方式解决问题，从而保证游戏的顺利开展。例如，“你想要的玩具没有了，可是你还想玩这个游戏，怎么办呢?”“家里除了爸爸妈妈以外，还有谁呀?”“你什么时候给‘病人’打针呢?”，这三句话分别可以用来启发、引导幼儿寻找替代玩具，解决幼儿间争抢角色的矛盾，帮助幼儿明确角色任务。

2. 建议式语句

当幼儿在游戏中遇到了问题，但是自身没有意识到问题的存在，或者虽然意识到问题的存在，却不知道如何解决问题的时候，幼儿教师可以使用建议式语句，引导幼儿发现问题；还可以根据幼儿需要，引导幼儿找到解决问题的办法。建议式语句一般有“这样试试行不行?”“想想还有没有别的办法?”“如果……（怎么办）是不是更好?”等。

3. 澄清式语句

幼儿游戏素材的来源之一，就是现实生活。但是幼儿往往无法判断现实生活中人们的行为是否正确，所以，在游戏中难免会出现幼儿模仿社会不道德行为或消极行为的情况。这时，幼儿教师不要简单地直接给出否定评价，以免影响幼儿游戏的积极性，最好在引导幼儿进行讨论的基础上加以解释，可以用“这样做对吗?”“到底能不能这样做?”等语句引导幼儿进行讨论，也可以用“这样做是不对的”“不能这样做”等语句对不道德的、消极的行为做出评价。

4. 指令性语句

当幼儿在游戏中严重违反规则、出现攻击性语言和行为时，幼儿教师要随机应变，转移其注意力，以改变事情的发展方向；当然，也可以当机立断，及时制止幼儿的攻击性语言和行为。例如，当看见一个幼儿拿玩具击打其他幼儿时，幼儿教师应当立即制止，用“你不能这样做”“你这样做会伤害其他小朋友的”等语句及时制止幼儿不良行为。

思考 · 练习

1. 幼儿一日生活常规活动主要包括哪些内容?

2. 有些幼儿初入幼儿园时哭闹不止，作为幼儿教师你该如何安抚这些幼儿?

3. 幼儿盥洗过程中幼儿教师要注意哪些方面的问题?

4. 有的小班幼儿大小便时往往不愿意如厕，请找出原因并提出解决问题的对策。

5. 举例说明幼儿进餐过程中幼儿教师要注意的问题。

6. 幼儿园不能强制所有幼儿午睡，请分析其中的原因。

7. 请在下表中写出幼儿入园、离园过程中，幼儿教师和幼儿家长、幼儿打招呼，幼儿和幼儿教师、幼儿家长及其他幼儿之间打招呼的礼貌用语。

打招呼人	打招呼对象	入园打招呼礼貌用语	离园打招呼礼貌用语
幼儿教师	幼儿家长		
	幼儿		
幼儿	幼儿家长		
	幼儿教师		
	其他幼儿		

8. 在引导幼儿自主选择游戏主题和游戏同伴时，幼儿教师应当注意哪些问题?

9. 在游戏场地布置和游戏材料准备的过程中，幼儿教师应当注意哪些问题?

10. 在引导幼儿自主体验游戏过程时，幼儿教师应当注意哪些问题?

11. 在引导幼儿分享游戏经验时，幼儿教师应如何处理幼儿反馈的各种信息?

12. 在教师的协调与指导下，全班同学以学习小组为单位，分别到所联系的幼儿园见习（跟岗实习），深入体会“保教常规活动礼仪”在实际工作中的应用。见习结束后，全班同学在一周内各自写出见习总结报告，以小组为单位交流、研讨，然后形成各组见习报告，并以组为单位在班级交流，最后以班级为单位形成最终见习报告。

第二章 教研活动、家长会和家长开放日礼仪

幼儿教师的工作内容除开展保教常规活动外，最常见的还有开展教研活动，组织家长会和家长开放日。

需要说明的是，为了开阔同学们的视野，提升同学们的职业能力水平和专业水平，本章内容在礼仪知识的基础上进行了适当扩展和延伸，以便同学们学习、讨论、借鉴。

第一节　教研活动礼仪

教研活动是幼儿教师对幼儿保育和教育进行研究的活动。本节学习、讨论的教研活动主要是指幼儿教师集体进行的专题性教研活动。本节内容包括教研活动前、教研活动中、教研活动后幼儿教师应注意的问题。

一、教研活动前的准备

1. 确定教研活动的主题与内容

开展专题性教研活动，要先确定教研活动的主题。教研活动的内容主要包括以下几个方面：①学习贯彻党的教育方针，以及研究落实上级主管部门安排的工作任务的具体

实施方案。②根据本园工作计划总结阶段性或专项活动工作成果。③探讨、解决幼儿保育和教育工作中出现的问题。④探索幼儿保育和教育的发展趋势，为今后幼儿保育和教育工作的提升指明途径和方式、方法等。

教研活动的主题确定以后，便可以围绕活动主题制订活动计划。

2. 选择教研活动的形式

教研活动的形式除了取决于教研活动的主题和内容外，还取决于参会人员身份和活动组织方式。这里主要介绍以下几种形式的教研活动。

（1）审议式教研活动。审议式教研活动一般以年级组某领域课程教研室为单位，通过集体研讨，对某领域课程方案进行审议。审议式教研活动多采用圆桌会议形式进行，与会议室门相对的靠中间的位置是比较重要的参会人员的座位。

（2）解惑式教研活动。解惑式教研活动一般是组织有关幼儿教师探讨、解决保育和教育过程中出现的疑难问题，多采用方桌会议形式进行。如果活动有一位主持人并且参会人员较多时，主持人可在方桌任意一侧短边就座，其他人员在方桌长边两侧就座，靠近主持人的座位为较为重要的参会人员的座位。如果有外请专家等，则外请专家在方桌面向会议室门的一侧就座，园方参会人员与其相对而坐，每侧中间为较重要的参会人员的座位。

（3）案例式教研活动。这类教研活动开展多是对某一保教方案进行学习推广，有时也为了探讨某一问题。一般流程是，参会人员先观摩专题保教活动，然后进行相关讨论，学习其中的经验或指出其中的不足。观摩方式可以是现场观摩，也可以通过多媒体设备进行观摩。现场观摩时，观摩者不能影响活动进程，尤其不能分散参与保教活动的幼儿的注意力，观摩者一般在活动室后侧位置就座，观摩后到通知要求的地点进行研讨。通过多媒体设备进行观摩时，教研活动一般在多媒体会议室或教室进行，观摩后直接进行研讨。

（4）磨课式教研活动。这类教研活动一般规定相同的保教内容，让不同的幼儿教师说课或直接试讲，其他幼儿教师听课或观摩，然后进行研讨，幼儿教师之间相互借鉴，最终形成最佳保教方案。

（5）诊断式教研活动。这类教研活动主要针对新入职的幼儿教师，一般新入职的幼儿教师自主备课，编写保教方案，然后说课或直接试讲，其他幼儿教师听课或观摩后有针对性地进行评议、指导。

需要说明的是，以上各种形式的教研活动，如果在多媒体会议室或教室进行，多媒体设备对面的座位为较为重要的参会人员的座位。

讨论

参考“幼儿教育学”等课程，说说“园本教研活动”“说课”的作用。

3. 其他事项准备

（1）制作并发送活动通知或邀请函。关于通知、邀请函（需要外请专家、领导时使用）的写法，可以借鉴本章“家长会”“家长开放日”中的有关内容。

（2）布置场地。根据教研活动内容与形式的要求，安排好活动场地的桌椅及座次，准备好设备和会议资料，设备要注意提前调试，有些资料需要准备人手一份。如果活动时间较长或者有邀请的外单位人员参加，要备好茶水，对外请专家和领导等还要做好接待工作。做好以上工作后，注意提前打扫活动场地卫生。

（3）组织者或主持人应当做好的准备。主持教研活动，除了要明确教研活动的主题和内容，安排好整个教研活动的议程外，还要组织或参与教研活动的准备，要了解教研活动的准备情况，例如，主持规模较大的教研活动时，要提前到活动现场查看、彩排，还要注意自身穿戴要与教研活动的主题和形式相符。

二、教研活动的开展

1. 主持礼仪

如担任教研活动主持人，幼儿教师要根据教研活动计划，稳步推进活动进度，如期完成活动任务，使活动达到预期的效果。要做好以下几点：第一，要落实好每个环节的任务；第二，使各个环节之间自然、流畅地衔接；第三，调动起每位参会人员的积极性；第四，控制好活动现场整体局面。

2. 发言礼仪

（1）发言内容要紧扣主题、有理有据、简明扼要、条理清晰。

（2）发言时态度要平和，语气要平稳。

3. 聆听礼仪

（1）要注意聆听主持人的主持词，进一步明确教研活动的主题、内容、议程，以及自己在教研活动中承担的具体工作，确保通过参加教研活动，不仅能圆满完成自己的任务，也能有所收获。

（2）要认真聆听其他人的发言，尤其是要听清楚他人发言的主题、要点、观点和依据。

（3）要边听边思考，同时要结合自己平时的工作、学习进行思考、对比，取人所长，补己之短。

（4）要做好记录，并总结教研活动，为今后工作、学习留下可借鉴的资料。

4. 讨论礼仪

（1）自己发言时，除了要遵守“发言礼仪”，还要注意在点评他人时，应当先做出肯定的评价，如对他人观点有异议，也要用委婉的方式表达。

（2）他人发言时，除了要遵守“聆听礼仪”，还要注意不打断他人的发言。他人发言结束，如果需要向其提问，要注意提问时的语气。

三、教研活动结束后的工作

教研活动结束后的工作主要包括：第一，还原会议室，归还设备，做好场地卫生。第二，资料整理，这里主要是指撰写教研活动总结。组织者以集体名义撰写的教研活动总结要包含教研活动的主题、内容、主要过程，以及本次教研活动对本园幼儿保育和教育工作的作用等。此外，针对教研活动中发现的有价值的思想或保育、教育方法，可以撰写成专题报告或论文，报送给上级有关部门或者尝试投稿并发表，以便于他人借鉴。

第二节　家长会礼仪

本节在介绍家长会性质、目的、类型的基础上，讨论幼儿教师在家长会会前、会中及会后应当注意的问题。

一、家长会的性质、目的和类型

1. 家长会的性质

家长会是幼儿园、幼儿教师根据工作需要，以班级、年级、全园等为单位，集中与幼儿家长交流的一种家园沟通形式。

2. 家长会的目的

不论哪种类型的家长会，其目的都是与幼儿家长沟通交流，家长会的主要目的有以下三个方面：

（1）让幼儿家长更了解幼儿在园情况，更了解幼儿园和幼儿教师的工作，更支持幼儿园和幼儿教师的工作。

（2）让幼儿园、幼儿教师更了解幼儿在家情况，更了解幼儿家长对幼儿的养育和教育情况，以便有针对性地对幼儿家长进行育儿指导。

（3）集中解决具有代表性的某一个或者某一类问题。不同类型的家长会，其目的又各有侧重。

3. 家长会的类型

家长会可以划分为多种类型，以下为常见的家长会类型：

（1）根据家长会召开的范围不同，可将家长会分为班级家长会、年级家长会、全园家长会等。

（2）根据家长会召开的时间节点不同，可将家长会分为学期初家长会、学期中家长会、学期末家长会等。

（3）根据家长会的功能和主题不同，可将家长会分为常规式家长会、宣传式家长会、咨询式家长会、慰问演出或汇演式家长会、焦点问题式家长会等，焦点问题式家长会包括处理群体性突发事件的家长会等。

二、家长会的会前准备

在召开家长会之前，幼儿园、幼儿教师要认真制订家长会工作计划，并按照工作计划做好准备。

1. 确定家长会的内容与形式

家长会的目的不同，内容就不同，幼儿教师需要根据召开家长会的目的确定家长会的内容。

表 2–1 列出了不同年龄段幼儿学期初家长会的一般性内容，供参考。

表 2–1　不同年龄段幼儿学期初家长会的一般性内容

年级	小班	中班、大班	备注
家长会内容	（1）新入园幼儿状况分析 （2）幼儿在园一日生活常规流程 （3）幼儿教师对幼儿的保育和教育内容 （4）本学期幼儿各领域发展目标 （5）本学期主要活动 （6）需要幼儿家长配合的具体工作 （7）幼儿家长意见和建议等	（1）幼儿现阶段实际情况分析 （2）新学期保育和教育工作介绍 （3）需要幼儿家长配合的工作 （4）幼儿教师与幼儿家长、幼儿家长与幼儿家长相互交流，征求幼儿家长对幼儿园、幼儿教师的意见和建议	小班家长会可在家长会前发放一日生活常规学习材料，中班、大班家长会可在家长会之前或结束后展示幼儿成长档案

家长会的内容决定了家长会的形式。例如，一般学期初、学期中、学期末的家长会的常规流程为主持人宣布会议日程并主持会议进程、主讲人主讲、幼儿家长代表发言、讨论与交流阶段幼儿家长自由发言、主持人总结。

2. 选定家长会的时间与地点

家长会的时间要选择绝大多数幼儿家长都能参加的时间段，如晚上、周末、节假日等。如果家长会时间较短，也可选择在放学后幼儿家长接幼儿的时间段召开。

班级家长会一般在本班活动室召开，年级和全园家长会一般在大会议室或室外召开。幼儿教师要根据场地类型、会议类型、参加人数等情况提前布置好会场，如做好会场卫生打扫、座椅整理和座次安排、会标张贴等工作。

3. 准备家长会的资料

家长会内容和形式确定以后，家长会组织者、主持人、主讲人要提前准备好家长会的相关资料，如家长会通知、主持词、讲话稿、签到表、家长会展示资料等。

家长会通知的写法可以借鉴书信写法，但是一定要注意内容全面、重点突出、简洁精练。主持词内容要紧紧围绕家长会议程，讲话稿内容要紧贴家长会主题。

4. 通知参会幼儿家长

至少要提前一周将家长会通知发送给需要参加家长会的幼儿家长，还要确认各位幼儿家长是否接到通知，对于没接到通知的幼儿家长要补发通知。

对于有特别参会任务的幼儿家长，如作为幼儿家长代表发言的，幼儿教师要在发送家长会通知时单独通知其参会任务的相关信息。

案例

关于召开中班各班级家长会的通知

尊敬的家长：

您好！

本学期即将结束，为了总结学期工作，同时帮助您提升孩子假期生活质量，让孩子过一个愉快而有意义的假期，我园决定于20×× 年 ×× 月 ×× 日下午四点，在中班各班级活动室，以班级为单位召开中班各班级家长会。家长会主要内容包括本学期中班全年级总体的工作情况，本学期班级保育和教育情况介绍，假期幼儿家庭教育建议，各班级幼儿家长代表介绍家庭育儿经验，征求家长对幼儿园和班级的意见和建议等。会议时间预计一个小时。请您在百忙当中安排时间参加。

特别提醒：为了做好新冠肺炎疫情防控工作，请您戴好口罩，扫码入园，入园、离园过程中与他人保持一米距离。进入班级活动室后，请您寻找贴有您姓名标签的座位，对号入座。

十分感谢您的支持和配合。

××幼儿园

20××年××月××日

三、家长会的召开

1. 讲究参会仪容仪表

作为幼儿教师，参加家长会时个人仪容仪表应做到职业特点、活动特点、个人特点相结合。具体要求如下：

（1）服装得体、整洁、大方、端庄。

（2）妆容淡雅、清爽，饰品适宜、简洁，发型利索、干净，妆容、饰品、发型与穿着相协调。

（3）精神饱满，积极向上。

2. 文明礼貌接待幼儿家长

幼儿教师要提前到场，等待幼儿家长的到来，对前来参加家长会的幼儿家长表示欢迎，引导其签名报到。

3. 确保会议顺利进行

家长会尤其是班级家长会，幼儿教师往往既是主持人、主讲人，又是组织者、协调者。要想顺利召开家长会，需要在多个方面用心做好工作。

（1）集中精力主持、组织会议，注意将手机关闭或调整为静音状态，家长会召开过程中不接打电话或发送信息。

（2）整个家长会召开过程中要态度亲切、平和，表现端庄、大方，讲话清晰、流畅。

（3）如果需要在家长会上对幼儿表现进行点评，要多进行表扬和肯定，对在幼儿园里发生的好人好事可以公开表扬；点评幼儿园里发生的不好的事情，要点到为止，不能当众点名批评幼儿或幼儿家长。

（4）如果家长会有幼儿家长发言、讨论、交流的议程，或召开焦点问题式家长会，幼儿教师要耐心听取幼儿家长的意见和建议，允许幼儿家长提出质疑，不能当场给出答复的问题，要灵活巧妙地安排在会后与幼儿家长沟通。

（5）控制好家长会进度，确保家长会按议程顺利进行，按计划时间结束。

四、家长会会后的工作

家长会会后工作主要包括：第一，礼貌送别参会家长，并对其参会、发言、提出的意见和建议等表示感谢。第二，需要向领导汇报的问题及时汇报，需要给幼儿家长答复的问题及时答复，并及时与个别幼儿家长单独联系、沟通。第三，记录、整理好会议资料，按幼儿园工作要求上交或存档。

知识拓展

家长会发言礼仪概要

走上发言席之前，向幼儿家长微笑点头致意，走向发言席时要步履稳健，走到发言席后要自然面向幼儿家长，站好，然后精神饱满、镇定自若地开始发言。

发言时体态端正、挺胸收腹、面向幼儿家长，适当与幼儿家长进行目光交流，还可适当做一些与发言内容相匹配的手势。

发言要围绕家长会主题进行，按照家长会议程进行，在规定的时间内结束。

家长会结束后，向幼儿家长鞠躬致意，走下发言席时也要保持良好的精神状态和身体姿态。

第三节　家长开放日礼仪

本节在介绍家长开放日概念、目的、类型的基础上，讨论家长开放日从准备、召开到结束整个过程中幼儿教师应当注意的问题。

一、家长开放日的概念、目的和类型

1. 家长开放日的概念

家长开放日是指幼儿园以班级、年级或全园为单位，集中邀请幼儿家长到幼儿园实地考察、参观、交流的家园联系、沟通形式。

2. 家长开放日的目的

（1）帮助幼儿家长深入了解幼儿在幼儿园的情况、幼儿园一日生活常规及课程设置、幼儿园管理与服务水平、幼儿园保育和教育情况等。家长开放日不仅可以消除幼儿家长的顾虑，也可以为幼儿家长提供育儿观念和育儿方法指导。

（2）帮助幼儿园、幼儿教师更加全面、深入地了解幼儿家长的意见和建议，提升幼儿园幼儿保育和教育工作水平，促进幼儿园办园质量的提高。

（3）帮助幼儿园、幼儿教师全面、深入地了解幼儿家长的育儿观念，便于今后有针对性地对幼儿家长进行育儿指导。

3. 家长开放日的类型

根据不同的划分依据，可将家长开放日划分为多种类型。

（1）根据组织单位不同，可将家长开放日分为班级家长开放日、年级家长开放日和全园家长开放日。

（2）根据召开时间不同，可将家长开放日分为学期初家长开放日、学期中家长开放日和学期末家长开放日。

（3）根据主题和功能不同，可将家长开放日分为综合型家长开放日、宣传型家长开放日和专题型家长开放日等。

以上各种类型的家长开放日，其活动时间大多为半天。

本节主要以参与人数较多或活动内容较为综合的家长开放日为例，介绍家长开放日各个环节的工作内容和注意事项。

二、家长开放日的准备

在组织家长开放日活动前，幼儿园、幼儿教师要认真制订家长开放日工作计划，做好任务分工，幼儿教师之间既要各负其责又要相互配合，按照工作计划做好准备工作。

1. 确定家长开放日活动内容与形式

家长开放日的主题不同、目的不同，活动内容就不同。幼儿园、幼儿教师要根据家长开放日的主题、目的，确定家长开放日的活动内容。例如，宣传型家长开放日要重点展示幼儿风采，幼儿教师保育和教育水平，幼儿园办园理念、综合实力及工作成果。

家长开放日的活动内容不同，活动形式就不同。例如，综合型家长开放日可通过幼儿节目表演等展示幼儿风采，通过幼儿教师保育和教育示范课等展示幼儿教师保育和教育水平，通过介绍幼儿园综合管理制度、幼儿在园一日生活常规、活动场地、活动设施、幼儿园获得的各种荣誉等展示幼儿园办园理念、综合实力及工作成果。

2. 选定家长开放日举办时间与地点

除了小型专题式家长开放日外，家长开放日大多会组织综合型活动，所用时间多数较长，占用场地多数较大。因此，除了急需举办的家长开放日外，一般家长开放日会选择在双休日、节假日举办。小型专题式家长开放日可在活动室等场所举办，综合型家长开放日须在较大的场地甚至室外场地举办，有些综合型家长开放日还需要在多个场地举办。

3. 做好家长开放日的准备工作

（1）有关活动的准备。要根据家长开放日的主题、内容、形式，设计丰富有趣，能反映幼儿园办园理念、综合实力及工作成果，幼儿教师保育和教育水平，幼儿风采的活动。

除了家长开放日活动要提前准备外，家长开放日当天还要安排迎宾人员、引导员、讲解员等，这些人员也要提前演练，以做好准备。

（2）家长开放日活动材料与资料的准备。

1）认真准备好家长开放日各环节使用的教具、玩具、道具等材料，以及可以充分展示幼儿风采，幼儿教师保育和教育水平，幼儿园办园理念、综合实力及工作成果的资料。准备过程中，要充分利用多媒体设备。

2）设计并印制好家长开放日签到表、家长开放日测评表等。家长开放日测评表除了介绍家长开放日的主要活动内容、活动流程外，还要收集幼儿家长对此次家长开放日活动的评价，另外也可以征集幼儿家长对幼儿园管理工作、对幼儿教师保育和教育工作的意见、建议等。

3）设计并印制好家长开放日邀请函。邀请函的写法可参考本章第二节中“关于召开中班各班级家长会的通知”。综合型家长开放日的邀请函要将注意事项写清楚、写全面，最好附上活动流程。

（3）家长开放日场地的布置。家长开放日举办地点选定以后，要根据家长开放日的内容、形式等提前进行场地的整理和布置。布置场地过程中需要注意以下几点：

1）在多个场地举行的综合型家长开放日，每个场地要做好明显的标志，每个场地内各个区域也要有明显的标志。

2）在幼儿园大门口及家长开放日主场地进入位置放置有欢迎标语的立牌或横幅。

3）准备一套详细的家长开放日活动流程方案，提前在幼儿园适当位置公示。

4）做好家长开放日活动场地内外卫生保洁工作。

4. 发送家长开放日邀请函

一般应在家长开放日举办前一周将邀请函发送给相关幼儿家长，在家长开放日举办前一天要再次确认幼儿家长是否收到邀请函，提醒幼儿家长活动注意事项。

三、家长开放日的召开

1. 讲究个人仪容仪表

幼儿教师在家长开放日活动中的仪容仪表，除了参照召开家长会的仪容仪表外，还要注意结合个人在家长开放日活动中担任的角色的特点。例如，迎宾、引导、讲解、主持、表演等不同的角色仪容仪表也有所区别。

2. 文明礼貌接待幼儿家长

如在家长开放日中担任迎宾人员、引导人员，幼儿教师要提前到场，耐心等待幼儿家长的到来，对前来参加家长开放日的幼儿家长表示欢迎，引导其签名报到，按秩序进入活动场地。如担任其他角色，也要在完成工作的同时做到文明有礼。

在接待幼儿家长的过程中，要注意照顾到每一位幼儿家长，并做到一视同仁。

3. 其他注意事项

从幼儿家长入园到家长开放日结束，幼儿教师要注意的问题主要包括以下几点：第一，幼儿家长入园并到预定地点集合后，可举行家长开放日启动仪式，组织者或主持人对全体幼儿家长表示欢迎，向前来参加家长开放日的幼儿家长表示感谢，同时对本次家长开放日活动的目的、主题、内容、活动形式等作简要说明。第二，在举办家长开放日尤其是综合型家长开放日活动过程中，幼儿教师要各负其责，还要做好与其他幼儿教师的沟通衔接。第三，有幼儿参加的活动，幼儿教师要细心地照顾到每位幼儿，给每位幼儿提供展示自我的机会。同样，有幼儿家长参加的活动，幼儿教师要照顾到每位幼儿家长，对幼儿家长的疑问、意见和建议要给以耐心、细致、翔实的答复，当时不能答复的要做好记录并告知幼儿家长答复时间。第四，家长开放日最后一个环节是活动总结，组织者或主持人可向前来参加家长开放日活动的幼儿家长表示感谢，对活动中出现的好人好事给予表扬，鼓励幼儿家长积极提出意见和建议，最后由幼儿家长填写家长开放日测评表，可当场提交，也可另行约定时间、地点提交。第五，家长开放日结束后，要礼貌送别幼儿家长。大型的家长开放日活动，迎宾人员既要迎接幼儿家长入园又要送别幼儿家长离园。

四、家长开放日结束后的工作

家长开放日结束后的工作主要包括：第一，汇总家长开放日测评表，需要给家长答复的问题及时做出答复。第二，对家长开放日的准备、召开等环节进行全面梳理、总结，针对发现的问题制定整改方案。第三，记录、整理好家长开放日资料，并按幼儿园规定上交或存档。

知识拓展

××幼儿园家长开放日半日活动评价测评表

尊敬的家长：

您好！

感谢您在百忙之中抽出时间前来参加家长开放日活动。为了了解您对家长开放日活动、对幼儿园及幼儿教师工作的意见、建议，以便有效改进、提升幼儿园和幼儿教师的工作，提升我园办园水平，提高我园保育和教育质量，特设计此测评表，请您费心阅读并根据自己的意愿在相应评价等次处打“√”。幼儿园及全体幼儿教师对您的支持表示衷心感谢！

<table>
<tr><th>评价项目</th><th>评价标准</th><th colspan="3">评价等次</th><th>备注</th></tr>
<tr><td rowspan="2">活动内容</td><td>既突出本园特色，又注重幼儿全面发展，注重对幼儿良好习惯的培养，注重家园互动</td><td>好</td><td>较好</td><td>一般</td><td rowspan="13">此表不记名填写。如除了表中内容，您还有其他方面问题需要和我们交流，可联系工作人员</td></tr>
<tr><td>既丰富多彩，激发幼儿兴趣，又符合幼儿年龄特点，易于被幼儿接受，还易于幼儿家长参与</td><td>好</td><td>较好</td><td>一般</td></tr>
<tr><td rowspan="3">活动方式</td><td>形式灵活，时间安排合理</td><td>好</td><td>较好</td><td>一般</td></tr>
<tr><td>既面向全体幼儿，又注重幼儿个性</td><td>好</td><td>较好</td><td>一般</td></tr>
<tr><td>亲子活动环节活动性强</td><td>好</td><td>较好</td><td>一般</td></tr>
<tr><td rowspan="4">幼儿教师表现</td><td>态度亲切、随和，举止大方、自然，语言生动、形象</td><td>好</td><td>较好</td><td>一般</td></tr>
<tr><td>教具和玩具演示熟练，实施保育和教育过程专业，组织活动协调、有序</td><td>好</td><td>较好</td><td>一般</td></tr>
<tr><td>指导幼儿家长有耐心、方法科学</td><td>好</td><td>较好</td><td>一般</td></tr>
<tr><td>幼儿教师之间配合默契</td><td>好</td><td>较好</td><td>一般</td></tr>
<tr><td rowspan="2">幼儿表现</td><td>态度积极、思维活跃、参与性强</td><td>好</td><td>较好</td><td>一般</td></tr>
<tr><td>语言表达能力、行为能力、个人兴趣等都得到充分展示</td><td>好</td><td>较好</td><td>一般</td></tr>
<tr><td>活动综合评价</td><td></td><td>好</td><td>较好</td><td>一般</td></tr>
<tr><td>其他评价与建议</td><td colspan="4">1. 您喜欢我园环境吗？对于这方面您有什么更好的建议
2. 您能接受我园保育和教育模式吗？您认为好的保育和教育模式应当是什么样的
3. 您对我园师资满意吗？您认为有哪些方面需要提升
4. 您对我园保育和教育工作还有哪些意见和建议</td></tr>
</table>

思考·练习

1. 简要叙述本章学习、讨论的各种形式的教研活动的座次安排方式。

2. 设计一个教研活动主题，并据此拟定一份教研活动通知。

3. 召开家长会的主要目的有哪些？家长会主要有哪些类型？

4. 家长会的准备工作主要包括哪几个方面？

5. 幼儿教师在家长会上的仪容仪表要注意哪几个方面？

6. 家长会组织者或主持人如何确保家长会的顺利进行？

7. 怎样做好幼儿园家长开放日活动材料和资料的准备工作及场地布置工作？

8. 在家长开放日活动中，从幼儿家长入园到活动结束，应注意哪几个方面的问题？

9. 以学习小组为单位，针对一个幼儿班级（大班、中班、小班任选），自选一个主题，制订一份“幼儿班级家长会召开计划”。每个小组推荐一名代表在班级中介绍本组制订的计划，各小组代表介绍结束后，仍以小组为单位对全班各组计划进行评议，推选出最佳计划，并根据此计划在班级中模拟召开“幼儿班级家长会”。

第三章 师幼沟通礼仪

师幼沟通主要通过两种方式完成，即语言沟通和非语言沟通。师幼沟通是幼儿园开展保育和教育工作的重要途径，因此，掌握并遵守师幼沟通礼仪，对幼儿教师提升保育和教育工作质量有促进作用。

和前面两章内容一样，本章介绍的师幼沟通礼仪，既包括幼儿教师在和幼儿沟通过程中应当遵守的礼仪，也包括幼儿教师应当教授幼儿的沟通礼仪。

第一节 师幼语言沟通礼仪

本节主要介绍师幼语言沟通过程中倾听和表达、提问及评价的相关礼仪。

一、倾听和表达礼仪

幼儿教师不仅要善于倾听，还要善于表达。当然，引导幼儿学习倾听和表达也是幼儿教师的工作职责。

1. 善于倾听

幼儿的好奇心特别强，看到什么都感到新鲜；同时，幼儿内心单纯，有的事大人感觉无所谓，但在幼儿心里可能会引起波澜。幼儿往往还喜欢把奇景、个人感触向别人倾诉，而且喜欢什么事都问个究竟。幼儿的上述特点对幼儿教师提出了一个非常重要的要求，即善于倾听。

（1）幼儿教师要端正倾听时的态度，最重要的是理解和尊重幼儿。例如，在倾听时要从内心深处把幼儿放在和自己平等的位置上，在倾听过程中要有足够的耐心等。这不仅是理解和尊重幼儿，也是引导幼儿学习如何倾听他人，帮助幼儿塑造良好的性格。

（2）幼儿教师要学习、研究、总结倾听的途径和方式方法。由于表达能力所限或者某些特殊情况，幼儿经常不能、不想或者不好意思完全表达自己的想法。此时，幼儿教师要抓住时机，鼓励幼儿，让幼儿感受到被尊重，从而鼓起勇气把内心的想法说出来。当然，对于有自己“小心思”的幼儿，幼儿教师既要能理解幼儿的语中之意，还要善于发现幼儿的言外之意。只有这样，才能更加全面、深入地了解幼儿、理解幼儿。

（3）倾听的目的是全面、深入了解幼儿、理解幼儿，在此基础上幼儿教师可以巧妙地回答幼儿的问题，灵活地解决幼儿的问题，对幼儿进行更有针对性的保育和教育，促进幼儿健康地成长。

阅读下面的案例并认真思考，你可能对幼儿教师如何倾听及如何对待幼儿的倾诉有更多思考。

案例

两个太阳

阴雨连绵几天后，天空突然放晴，看到多日不见、今天突然从云层里钻出来的太阳，幼儿的情绪也高涨起来。孙老师抓住机会，让中班幼儿画雨后的天空。大家正在认真作画，忽然从活动室后面传来了争论声。只见几名幼儿正在取笑阳阳：“你见过天上有两个太阳吗？”“如果天上有两个太阳，夏天我们还受得了吗？”阳阳想说什么却又觉得有口难辩，只是低着头、噘着嘴，一声不吭。孙老师走过去，仔细看了看阳阳的作品，画纸上真的画了两个太阳，一大一小，大的太阳只露了半张“脸”，“脸”上还有“皱纹”，显得苍老而慈祥，小太阳显得天真、活泼。阳阳发现孙老师在看他的画，不知是怕被批评还是怕孙老师让他修改，马上用双手捂住画纸。孙老师想了想，对大家说：

“阳阳平时想象力就很丰富，今天他画了两个太阳，一定有他的道理。”然后，她蹲下身，温和地对阳阳说：“这画里一定有一个好听的故事吧？能给我们讲讲吗？”听了孙老师的话，阳阳立即直起腰，认真地讲了起来：“这个大太阳是妈妈，这些日子她生病了，不能上班，所以我们一直没看到她。小太阳是她的孩子，他觉得自己长大了，应该帮妈妈工作了。今天是太阳宝宝第一天上班，妈妈不放心，才坚持着出来看看。”听了阳阳的讲述，孙老师被感动了，动情地抱起阳阳说：“太阳宝宝真是个孝顺的好孩子！阳阳画得好，讲得更好。老师要向太阳妈妈学习，小朋友们要向太阳宝宝学习。”此时，周围的幼儿不仅变得安静了，还都若有所思地看着阳阳和孙老师，他们被阳阳的画、阳阳的故事、孙老师的讲评感动了。

知识拓展

走进幼儿心灵看幼儿

走近幼儿心灵看幼儿，你会看到一个和成年人不一样的内心世界：幼儿的“叽叽喳喳”，可能是“真知灼见”；幼儿的“胡乱涂画”，可能是“妙笔生花”；幼儿的“手舞足蹈”，可能是一份“怡然自得”；幼儿的“捣乱破坏”，可能是“敢于探索”；幼儿大把大把地抛撒积木玩具，可能是想“下一场五颜六色的雪”；幼儿拿走养在自然角的小蝌蚪，可能是打算“把它放回河里，让它长成会捉害虫的小青蛙”；幼儿把太阳涂成绿色，可能是希望“太阳光不再刺伤人们的眼睛”。

2. 善于表达

幼儿教师只有善于表达，才能让幼儿充分理解幼儿教师的用意，才能将对幼儿的保育和教育更有针对性地落到实处。

幼儿教师应当注意，善于表达不是滔滔不绝地说，而是要通过有效表达高效地实现对幼儿的保育和教育。在表达的方式方法上，幼儿教师应当注意以下几个问题。

（1）抓住或创造最佳表达的机会。幼儿教师要善于发现幼儿感兴趣的话题，抓住或创造最佳表达的机会。幼儿教师可通过烘托气氛，吸引幼儿的注意力，把幼儿集中到一起，以实现最佳表达效果。当然，也要在适当的时候结束话题，让幼儿有满足感的同时感到不舍，从而不由自主地继续思考。

（2）表达要适合幼儿，易于被幼儿理解。

1）用语要恰当、准确、规范，这包括用词恰当、读音准确、语言规范几个方面。

其中，读音准确是指幼儿教师要讲普通话并且发音准确。在实际表达过程中，幼儿教师不可使用方言，如把馒头叫作“馍馍”；不可使用不规范的儿童用语，如把小椅子叫作“小椅椅”；不可使用未经国家相关部门认可的网络用语，如“神马”“肿么”等；不能自己生造词语。

2）内容表述要形象。幼儿教师要针对幼儿的思维特点，把抽象的内容形象化、具体化，让幼儿容易理解、接受幼儿教师要表述的内容。

讨论

幼儿的思维方式最突出的特点是什么？

3）语言表达要生动有趣。在内容表述形象的基础上，幼儿教师的语言表达要注意符合幼儿的特点，语言生动有趣有助于激发幼儿的兴趣，吸引幼儿的注意力，调动幼儿的积极性，同时也有利于拉近师幼之间的距离，增加师幼交流的有效性。

4）语句要短小、明了，富有节奏感。针对幼儿的理解能力和记忆水平，幼儿教师表达时要有意识地采用句式短小、含义明了、排列有节奏感的语句，让幼儿易于接受、乐于接受。例如，“狗熊悄悄走过去偷吃蜂蜜的情景，被正在收玉米的老山羊看见了”，在向幼儿讲述时，可变成“老山羊正在收玉米，看见一只狗熊悄悄走过去，偷吃了蜂蜜”。

（3）多用带有商量口气的语句。当幼儿犯错时，幼儿教师要注意避免使用“我警告你”“我不允许你”“你给我……”等带有命令、责备口气的语句，可多用“这样做好不好?”“有什么好的办法吗?”“让我们好好想想”等提示性、协商性语句。

（4）利用好倾听与表达的关系。倾听与表达看起来相互矛盾，实际上是相辅相成的。在处理倾听与表达的关系时，可以把倾听看成表达的前提。具体来讲，就是幼儿教师要耐心地让幼儿把话说完，然后有技巧地和幼儿沟通。幼儿教师在和幼儿沟通的过程中，注意引导幼儿认真倾听。

3. 引导幼儿学习倾听与表达

学习倾听与表达，可以培养幼儿的耐心，提高幼儿的专注力，提升幼儿的表达能力，对幼儿学习能力、与人交流能力和处理人际关系能力等能力的提升也有非常积极的影响。

幼儿教师引导幼儿学习倾听与表达，应当注意以下几点：

（1）尽可能从小抓起。幼儿一进入小班，幼儿教师就可开始引导其学习倾听与表达的方式方法，培养其养成认真倾听、积极表达的良好习惯，锻炼其倾听与表达的能力。

（2）多开展与倾听、表达有关的活动。幼儿教师除了平时要多和幼儿进行交流外，还要创造机会多开展与倾听、表达有关的活动，如倾听小游戏、朗读活动、故事会、讨论会等。另外，实践证明，耐心训练、思考能力训练、语言表达能力训练都是提高幼儿倾听与表达能力的有效途径。

（3）努力让每个幼儿学会倾听与表达。对于那些能够做到认真倾听、积极表达的幼儿，要加以表扬和鼓励，促进他们倾听与表达能力不断提升；对于那些喜欢打断别人讲话的幼儿，要注意引导他们“让别人把话讲完”“好好听人家说的是什么”“自己想好了再说”等，培养他们尊重他人，认真、耐心倾听他人讲话的好习惯；对于那些性格有些内向的幼儿，要鼓励他们大胆表达，“有什么话都说出来”。

二、提问礼仪

幼儿教师要恰当地提出问题并启发幼儿思考，同时要正确对待幼儿的提问并巧妙做出回答。

1. 根据幼儿年龄特点和实际水平设计问题

幼儿教师必须在幼儿已有相关知识积累的基础上设计问题，只有这样，幼儿才能做出回答，教学活动才能得以延伸。脱离了幼儿年龄特点和实际水平的问题，幼儿既不能理解，也不知如何回答，这会让幼儿产生困惑，失去回答的热情，效果适得其反。

例如，小班幼儿教师在组织幼儿扔小沙包活动过程中，提出“比一比，看一看，谁扔得更远”这样的问题，幼儿自然能够找到答案，可如果把这个问题变成“怎样知道自己扔得有多远”，对小班幼儿来说，这个问题超出了他们的认知水平，他们就难以做出回答了。

知识拓展

提问的类型

描述性提问——引导幼儿细心观察，说出自己的观察所得；比较性提问——引导幼儿比较人、事、物、现象等的异同；分类型提问——引导幼儿对人、事、物、现象等划分类别；假设性提问——引导幼儿想象；选择性提问——引导幼儿对几种结论进行取舍；反诘式提问——也称反问式提问，引导幼儿对结论进行再思考、再判断。

2. 提问要激发幼儿兴趣、启发幼儿思考

幼儿教师提问的应当是幼儿乐于讨论并能引起幼儿共鸣的问题，这样才能使幼儿在讨论中相互学习与借鉴。

幼儿教师最好采用开放式提问，因为开放式提问没有现成的答案，不受语言和情节的限制，既可为幼儿提供想象的空间，又可促进幼儿思维的发展。

当幼儿在思考与讨论问题过程中遇到困难时，幼儿教师可以通过启发性的继续提问引导幼儿深入思考、多角度思考，使其找到解决问题的方式方法，最终得出问题的答案，使幼儿获得更大的成就感。

对于幼儿的回答，哪怕在成年人看来是稀奇古怪或不着边际的答案，幼儿教师都不能直接评判对与错，而应当给予幼儿充分的鼓励。当然，对于有些明显违反科学常识和规律的答案，幼儿教师可以引导幼儿根据其自身经验和生活常识进行讨论。

3. 正确对待幼儿的提问

幼儿的好奇心较强，喜欢什么事都问个究竟，有些问题在成年人看来不着边际。作为幼儿教师，一定要注意保护幼儿的好奇心。在对待幼儿的提问方面，幼儿教师要鼓励幼儿多提问，耐心倾听幼儿的问题，认真并巧妙地回答幼儿的提问。

知识拓展

幼儿教师和幼儿沟通的礼貌用语

请……好吗；你真棒；你真能干；你真是一个懂礼貌的好孩子；这个想法真的不错；做错了不要紧，改正了仍然是好孩子；你觉得怎样做会更好；你这么爱动脑筋，老师真为你高兴；你能大胆地讲给大家听吗；小朋友有了困难，你一定会去帮助的；你这么热心帮助大家，大家都会喜欢你的；你一定很想向他道歉；对不起，是老师错了。

三、评价礼仪

幼儿教师在对幼儿进行保育和教育过程中，常常要对幼儿个人或集体进行评价。幼儿评价是指幼儿教师对幼儿的表现在客观分析的基础上进行肯定或者否定。其中，对幼儿进行表扬与奖励，尤其是对幼儿进行表扬，是幼儿教师开展保育和教育活动中常用的

肯定幼儿的方法；对幼儿的否定，要使用容易被幼儿接受且有成效的方法，其中，批评是最常用的方法之一。

幼儿评价礼仪主要是指幼儿教师对幼儿进行表扬与奖励时，或对幼儿进行批评时应当遵守的礼仪。此外，这部分内容还包括幼儿教师要引导幼儿正确对待表扬与奖励、批评等。

1. 表扬与奖励

对幼儿进行表扬与奖励是对幼儿的表现给予肯定的评价，其中，表扬一般体现在语言方面，奖励一般体现在荣誉或物质方面。幼儿教师在对幼儿进行表扬、奖励时，应当注意以下几个问题。

（1）善于发现、发掘幼儿的闪光点。要表扬或奖励幼儿，要先找到幼儿可以被表扬、奖励的地方，可从以下几个方面入手：

1）幼儿性格天真烂漫，让人喜爱。

2）很多成年人做起来很容易的事，幼儿能够完成是非常不容易的。

3）即使有这样或那样缺点的幼儿，其身上也能找到闪光点。

4）有时候，幼儿需要幼儿教师的引导和帮助，才能发挥自己的聪明才智，取得值得表扬或奖励的成绩。所以，幼儿教师要充分掌握幼儿年龄特征及心理特点，尊重不同幼儿之间的个性差异，细心观察每一位幼儿，及时帮助需要帮助的幼儿，要能够及时发现、深入发掘幼儿身上可以被表扬或者奖励的地方。

案例

寻找孩子的闪光点

班里有个叫辰辰的小朋友，一直以来都让老师很头疼。几乎每天都有小朋友来告状，“举报”他说脏话，抢小朋友玩具，拉扯小朋友衣服、头发，等等。老师尝试过很多方法来教育他，谈心说教，严厉批评，让他换位思考，体会其他小朋友的心情等，都没有什么明显效果。老师尝试和他的家长交流，寻找原因，经过几次谈话，感觉到家长对辰辰的这种行为也无能为力，甚至有放弃教育的想法。辰辰的老师意识到，家庭和幼儿园对他的排斥在他的心里留下了阴影，一个对自己不抱希望、心里没有爱的孩子，又能期望他有什么积极的表现呢？于是，老师改变了自己先前对他的认识和评价，开始从另一个角度重新关注他、了解他、评价他。

有一天，区域活动结束后，辰辰收拾好自己的玩具，看到地上有纸屑，就弯腰捡了起来。老师立刻在“小星星时刻”表扬了他维护班级环境卫生的行为，让全班小朋友给他鼓掌。在为他贴小星星时，老师告诉他很喜欢他这样做，还亲切地抱了他。辰辰露出了开心的笑容。

又过了几天，早晨，辰辰来园很早，看到老师在忙，就主动帮助老师整理图书，而且干得很认真，把图书整理得井井有条。老师抓住他的这个闪光点，选他做班级里的小小图书员，负责班里所有图书的整理、发放和保护。结果，辰辰表现出从来没有过的干劲，干得非常认真，而且为其他小朋友服务也很热情。渐渐地，他与小朋友的交往也变得友好愉快起来。

一段时间后，小小图书管理员辰辰成了一个积极上进、大家都很喜欢的小朋友。

（2）表扬要及时、具体、恰当。

1）表扬要及时。表扬要“趁热打铁”，这是因为，及时的肯定、表扬会让幼儿获得更大的成就感、满足感，给幼儿留下深刻的印象。无论是对被表扬的幼儿还是对其他幼儿来说，及时表扬起到的作用更大、影响更长远。错过了最好时机的表扬就成了“过期”了的表扬，有时可能连幼儿自己都把事情的来龙去脉忘了，表扬起到的效果会大打折扣。

2）表扬要具体。幼儿教师要细心观察，善于发现幼儿值得被表扬的具体细节，还要在表扬幼儿时把这些细节列举出来，让幼儿知道自己是因为哪些方面表现好得到了表扬，这样有助于被表扬的幼儿继续努力，其他幼儿学有榜样、超有目标。反之，如果仅使用简单的一句“你真棒”“你真聪明”“老师就喜欢你这样的孩子”之类的表扬语，有时候可能会让幼儿非常困惑，不知道自己因为什么得到教师的表扬，幼儿糊里糊涂地就被表扬了，难以起到表扬的作用。

3）表扬要恰当。幼儿教师要想做到恰当地表扬幼儿，应当注意以下几个方面：

①不要吝啬表扬。心理学研究表明，绝大多数人，包括幼儿在内都喜欢被表扬。对于天性率真的幼儿来说，表扬更容易使他们获得心理上的满足与快乐，这能够产生极大的正能量；反之，获得表扬的难度太大会让幼儿失去信心和积极性。

②不能对幼儿过度表扬。一方面，只有当幼儿表现优秀时才能对幼儿进行表扬，而不能为了“应付”或“糊弄”幼儿，为了诱导幼儿“听话”，随便地对幼儿进行表扬；另一方面，当幼儿的表现确实值得表扬、需要表扬的时候，对幼儿的表扬也要实事求是，不能言过其实。幼儿教师要认识到，过度表扬可能会误导幼儿，使其不能正确地看待自己，甚至会变得虚荣心强、好大喜功、骄傲自满、唯我独尊，更有甚者会变得只喜欢表扬而禁不起批评。

知识拓展

表扬幼儿的语句

××的小房子画得很特别、很有个性，你很有自己的想法！

××帮老师把玩具整理得这么整齐，真是个勤劳又懂礼貌的好孩子！

××主动扶起摔倒的小朋友，真是个热心帮助小朋友的好孩子！

××会自己整理床铺了，进步很快，真棒！

××会自己梳头发了，小辫子扎得真好看，很漂亮！

××摔倒了都没哭，还自己爬起来，真是个勇敢的好孩子，老师喜欢你。

××送给老师的贺卡这么漂亮，贺卡里的蝴蝶结太美了，老师很喜欢。

（3）要针对幼儿的个性特点选择恰当的表扬方式。不同的幼儿有不同的个性特点，对外界表扬的反应也不同。这就要求幼儿教师要根据幼儿不同的性格特点，选择恰当的表扬方式，以达到表扬、激励幼儿的目的。

1）对于性格偏内向的幼儿，幼儿教师要给予更多关注，一旦发现其闪光点，哪怕这些闪光点是不起眼的“星星之光”，也不要认为它们微不足道，要及时给予表扬，要尽可能地让更多的幼儿看到他们的闪光点，同时，要引导这类幼儿大胆走向台前，勇于“发光”。

2）对于性格偏外向、承受能力较强的幼儿，幼儿教师在对其进行表扬时，最好采用“抑扬结合”的方式，即在给予表扬的基础上，指出其需要努力做好的其他方面，并向其提出发扬优点、改进不足的期望。这样的表扬方式能避免他们骄傲自满，还能提醒他们注意取长补短。

3）事实上，不论对于哪类性格的幼儿，在对他们进行表扬或者批评的时候，最好都采取多角度评价的方式。这样既能表扬幼儿的长处，使幼儿获得成功的体验，又能适时、适当地对幼儿提出更进一步的期望。因此，多角度的评价方式既能帮助幼儿树立自信心，又能促进幼儿全面发展。

知识拓展

评价幼儿发展状况应当注意的几个方面

1. 明确评价的目的是了解幼儿发展的需要，以便提供更加适宜的帮助和指导。

2. 全面了解幼儿的发展状况，要防止评价的片面性，尤其要避免只重知识和技能，忽略情感、社会性和实际能力的评价方式。

3. 在日常活动与教育教学过程中可采用自然的方法进行评价，通过日常观察所获得的具有典型意义的幼儿行为、表现和积累的幼儿的各种作品等是评价的重要依据。

4. 承认和关注幼儿的个体差异，避免用统一的标准评价不同的幼儿，在幼儿面前慎用横向的比较。

5. 以发展的眼光看待幼儿，既要了解幼儿现有能力水平，更要关注其发展的速度、特点和倾向等。

（4）实施奖励时应注意的问题。

1）不轻易许诺。要注意培养幼儿自己的事情自己做，小朋友之间应当相互帮助，作为集体的一员应当爱护集体等方面的思想和习惯，不能动辄以荣誉或利益吸引、驱动幼儿。

2）奖励应以精神鼓励为主。当幼儿取得成绩时，例如个人能力有了较大的提高，积极为小朋友、为班级、为幼儿园、为家庭做了好事等，应当先给予其精神鼓励，如及时的表扬、阶段性总结时的荣誉表彰等。

3）选择对幼儿有意义的物质奖励。如果确有必要对幼儿进行物质奖励，最好选择对幼儿成长如学习、生活等有积极价值，幼儿很需要而且喜欢的奖品作为奖励。

4）一旦许诺，要言而有信。幼儿想法比较单纯，对于教师或家长的话他们会信以为真。幼儿教师一旦承诺了某些奖励，就一定要兑现，要言而有信。如果幼儿教师失去了幼儿的信任，那么以后对幼儿进行教育的效果可能会大打折扣。

讨论

曾子杀彘

曾子之妻之市，其子随之而泣。其母曰："汝还，顾反为女杀彘。"妻适市来，曾子欲捕彘杀之，妻止之曰："特与婴儿戏耳。"曾子曰："婴儿非与戏也。婴儿非有知也，待父母而学者也，听父母之教。今子欺之，是教子欺也。母欺子，子而不信其母，非所以成教。"遂烹彘也。

请同学们在教师指导下或通过查找资料，将"曾子杀彘"翻译成现代白话文，并说说自己从"曾子杀彘"中得到的启示。

2. 批评

对幼儿进行批评，主要是对幼儿不恰当甚至不正确的行为给予否定的评价。幼儿教师在对幼儿进行批评时，应当注意以下几个问题。

（1）批评要注意时间、场合。幼儿教师尽量不要在入园时、进餐中、午睡前批评幼儿。这是因为，入园时批评幼儿，可能会破坏幼儿一天的好心情；进餐中批评幼儿，会影响幼儿的食欲；午睡前批评幼儿，会影响幼儿的睡眠。

幼儿教师要特别注意不要在公共场合批评幼儿。这是因为，在公共场合批评幼儿，如果方式、方法欠妥，很可能会伤害到幼儿的自尊心。一般情况下，即使幼儿在公共场合表现不当，如果当时没有造成严重的后果，幼儿教师要尽量私下找合适的机会单独和幼儿交谈，这样幼儿的接受度更高，改正的效果或许更好。这是因为私下批评比当众批评往往更容易让人接受，"冷处理"既可以给幼儿留下自我反省和改正的空间，又可以让幼儿教师更加充分地做好与幼儿谈话的准备。

调查统计与分析研究表明，如果在入园时、进餐中、午睡前、公共场合批评幼儿，会对幼儿的身心健康造成不良影响，不利于幼儿的身心发育。因此，批评幼儿的时机的选择应当引起幼儿教师的注意。

（2）批评要有针对性。幼儿教师对幼儿的批评要有针对性。

1）在批评幼儿前，一定要先把幼儿产生不正确行为的原因弄清楚，做到以事实为依据，明确指出幼儿的问题，对幼儿进行相应的批评。尤其当信息只是来自其他幼儿时，更应当先弄清楚事实真相，再决定是否对涉事幼儿进行批评，以及如何批评；反之，如果幼儿教师听风是雨，就有可能误解、误会涉事幼儿，使幼儿受委屈。

2）在批评幼儿时，一定要就事论事。一方面，只论此事、不论他事。不能“翻旧账”式地把幼儿曾经出现过的问题再翻出来数落幼儿，哪怕幼儿在某个方面反复出现问题或者在某几个方面都存在不足，也不能采取这样的批评方式。另一方面，这件事解决了就过去了。要让幼儿认识到，世界上没有十全十美的人，出现问题不要紧，只要自己认真改正，老师仍然是喜欢他的，并且老师一直都是喜欢他的。

讨论

现实中，当大家知道某位同学被教师批评以后，往往表现出不同的态度，请试着描述这些态度，你认为哪些态度是积极的？

（3）批评要把握好度。幼儿教师对幼儿进行批评要把握好度。

1）要控制好自己的情绪，使用恰当的语言。要按照《3～6岁儿童学习与发展指南》中的要求，即使批评也要以尊重幼儿为前提，注意语言文明。不可说令人泄气的话，不可说过激的话刺激幼儿，尤其注意不要贬低幼儿，更不能对幼儿说出“不可救药”等严重的结论性评价。在实际工作中，在批评幼儿，尤其是在批评问题比较突出，或者反复出现同一类问题，或者几个方面都令人不满意的幼儿时，有的幼儿教师会出现情绪失控、态度失控、语言失控的情况，这不但不能使幼儿认识到自己的错误，还容易引起幼儿的抵触，因此，幼儿教师应高度重视控制个人情绪。

2）要评估被批评幼儿的心理承受能力，批评的方式要因人而异，以使幼儿能够接受批评。例如，对于性格比较内向、胆量比较小的幼儿，抑扬结合式的批评、协商讨论式的批评、轻声细语式的批评可能比单刀直入式的批评、暴风雨式的批评或威胁式的批评更容易被他们接受，效果也更好；对于平时自觉性较高，偶尔出现问题或是无意中出现过失的幼儿，一个眼神、一种表情、一个动作可能就会让他们意识到自己的问题所在，他们就会自觉改正，此时无声胜有声。

（4）批评要与教育相结合。

1）引导幼儿虚心接受批评。幼儿教师要通过引导、教育，让幼儿逐渐明白并逐步做到以下几点：

①认真倾听、虚心接受他人的批评，能够更快、更全面地发现自己的不足，找到改正、改进的方式、方法，促进自我完善；反之，如果自己身上存在不足，没有人批评指出，自己又发现不了、认识不到，自身的不足就可能一直存在，最终受害的还是自己。

②认真倾听、虚心接受他人的批评，也是对他人的尊重，是讲文明懂礼貌的表现。

③即使他人的批评很直接甚至语言有些尖锐，也应该认真倾听、虚心接受，而且要表现出诚恳的态度。

在实际工作中，不少幼儿可以做到倾听并接受来自师长的批评，但对同龄小伙伴的批评却往往不愿接受，有时还强词夺理甚至反唇相讥。对于有这种表现的幼儿，幼儿教师应当引导他们对批评者一视同仁——只要他人批评得有道理，即便批评来自小伙伴，也应当虚心接受，勇于承认自己的问题，勇于承担责任。

除了引导幼儿虚心接受他人的批评外，幼儿教师还要注意引导幼儿学会借鉴他人的教训。当发现他人出现问题，或者发现他人受到批评时，幼儿教师要引导幼儿检查自身是否也存在同类问题，而且要做到“有则改之，无则加勉”。

2）引导幼儿积极改正自身缺点。在引导幼儿认识到自身缺点的基础上，幼儿教师要引导幼儿寻找改正的方法、改进的措施，并积极落实。例如，当发现幼儿出现问题时，可以用“你感觉这样可以吗?”“你这样会……”“我认为这样比较好”“用这种方法来试试”等语句与幼儿沟通，引导他们认识到自己的问题，并找到解决的方式、方法。当然，幼儿教师也可以提出不同的改正方法，引导幼儿分析，帮助其从中选择最佳改正方法。幼儿教师不可一味地指责幼儿，这会让他们因为害怕而手足无措。因此，指责只能让幼儿知道自己错了，但是不知道错在哪里，更不知道如何改正，这样的批评不能达到批评的真正目的，是不可取的。

为了让幼儿学会接受批评，在幼儿改正自身缺点以后，可以有意识地让其对改正缺点前后的结果进行对比，这样他们会明白接受批评的益处所在，还会努力不再出现同样的问题。实际上，当幼儿学会了倾听和接受批评，批评完全可以如同表扬一样，成为推动幼儿前进的力量，而且会起到表扬难以起到的警示作用。

案例

乱涂的悦悦也能画出美好“家园”

大班的悦悦很喜欢画画，可就是经常乱涂乱画。在美术课上，孙老师让小朋友们画自己喜欢的家，大家都在聚精会神地画，而悦悦却画了许多杂乱的线条。孙老师微笑着问：“悦悦，我们要画的是自己喜欢的家呀，这样的家悦悦喜欢吗?”悦悦有些害羞地说："不喜欢。"孙老师提醒悦悦："老师发给每个小朋友的画纸都是有数的，悦悦随意涂画，画纸都浪费了，可就没有画纸画自己喜欢的家了啊。"听了孙老师的话，悦悦抬起头看着老师，好像若有所思，有点后悔的样子。孙老师接着又对悦悦说："记得悦悦上次画的有月亮和星星的天空很美，相信这次只要好好画，悦悦一定能画出一幅自己喜欢、大家喜欢、老师也喜欢的画。"孙老师话音刚落，悦悦赶忙铺开画纸认真地画起来。

活动结束，悦悦果然交给孙老师一幅名为《家园》的作品，作品上有蓝天、白云、微笑的太阳、大树、小房子、草坪、小狗。

在活动讲评环节，孙老师表扬悦悦的画内容设计丰富、色彩搭配自然，还鼓励悦悦，"相信悦悦会越画越好，还有可能成为小画家呢"。听了孙老师的表扬，悦悦圆圆的小脸上泛起了红光。

（5）正确处理误会、误解。在实际工作中，有时幼儿并没有做错什么，但由于误会、误解，可能会莫名其妙地被批评。天性率真的幼儿被误解以后往往表现出成人难以理解的委屈和难受。针对这种情况，作为幼儿教师应当做到以下几点：

1）一定要理解并接纳幼儿的这种心态和情绪。

2）引导幼儿在倾听完他人的批评以后冷静地想一想，如果真的是自己被误解，要主动争取，把事情原委讲清楚。同时，要引导幼儿在解释的过程中情绪平和、实事求是，还要让幼儿明白，解释的目的是帮助他人弄清楚事实真相，并不是为了掩盖事实真相，更不是推卸自己的责任。

3）如果因为幼儿教师误会、误解幼儿，让幼儿受到不应有的批评，让幼儿受了委屈，幼儿教师一定要及时认错，主动道歉，减少对当事幼儿的消极影响。为了尽可能避免对幼儿产生误会、误解，幼儿教师在了解事实真相及批评幼儿的过程中，都要注意给幼儿解释的机会。幼儿教师应当明白，让幼儿违心地表示接受批评，幼儿心里会感到委屈，实际上并没有解决问题，而且可能会引起幼儿种种心理问题；通过倾听幼儿的解释，有可能会更全面、更清楚地了解事实真相，这样有助于及时消除对当事幼儿的误会、误解。

4）在解释清楚事情原委的基础上，幼儿教师可通过其他适当途径和方式、方法（如转移注意力等）引导幼儿，排解、消除幼儿的消极情绪。

（6）慎用批评。幼儿保育和教育的实践以及科学研究证明，适时、适当、适宜的教育惩戒是必需的甚至是必须的。但是，在实际的工作中，基于幼儿的年龄特点和心理特点，幼儿教师教育幼儿时还是应当慎用批评。批评是教育幼儿、帮助幼儿解决问题的最后选择。

幼儿教师要不断学习，加深对幼儿年龄特点、心理特点、行为特点的客观认识，这样才能有效地帮助幼儿改变其不良的思想和行为。许多在成年人看来不良的思想和行为，在幼儿身上，大多是他们天性率真的表现。幼儿教师要理解幼儿，宽容幼儿，对幼儿不良的思想和行为多多引导，帮助其改正。

知识拓展

自然后果法

自然后果法也称自然后果惩罚法，是法国启蒙思想家卢梭提出的一种关于儿童教育的方法，后由英国教育家斯宾塞进一步完善和发展。

自然后果法的基本观点是基于儿童的理智尚处于“睡眠”状态的观点，卢梭反对对他们进行说服教育，也反对对他们施以严格的纪律和严酷的惩罚，主张让他们通过体验其过失的不良后果去认识错误、吸取教训，通过学会服从“自然法则”自行改正错误。例如，当儿童损坏他所使用的家具时，不对其加以惩罚，也不急于给他更换新家具，而是让他感到没有家具的不便，从而使其主动发现和改正自己的错误。

采用自然后果法应当注意三个方面。第一，自然后果法是安全的放养，而不是不计后果的放养。这种方法最好在儿童青春期之前使用，在学龄前使用是最安全的时期。第二，教育者要做的不是拿各种条件和后果“胁迫”儿童，阻止儿童做某些事情，而是告知儿童这么做可能有哪些后果，然后由儿童自己做出选择。自然后果法的使用态度很重要，“事不关己，高高挂起”的姿态会使这种方法发挥足够的效力。第三，自然后果法重视的是后果的发生给儿童带来的内心感受，如果教育者本着不让后果发生的想法，那就失去了自然后果法对儿童的教育意义。

（7）幼儿教师要做自我批评的表率。幼儿的年龄特点与心理特征决定了他们鉴别能力较差，模仿能力较强，喜欢模仿别人，因此，家长和教师对待错误的方式在很大程度上会影响幼儿。为了给幼儿树立勇于承认错误并能积极改进的榜样，幼儿教师应当做表率，做错事后要在幼儿面前主动进行自我批评。

1）一旦幼儿教师在幼儿面前出现错误，哪怕是出现过失或失误，也一定要自觉检讨，主动承认错误并积极改正，尤其是当错误被幼儿指出的时候，更应当主动承认并改正。

2）一旦因为幼儿教师的责任，导致幼儿受到不应有的批评，让幼儿受了委屈时，幼儿教师一定要勇于认错，主动道歉，积极采取措施减轻对当事幼儿造成的消极影响。

在幼儿保育和教育实践过程中，除了幼儿教师对幼儿开展批评以外，幼儿之间相互批评、幼儿对幼儿教师提出意见和建议都是可能发生的，也是正常的现象。因此，“如何批评才能使他人虚心接受”也是幼儿应当学习、思考的内容。幼儿教师可以通过向幼儿传授自己对幼儿提出批评的经验，引导幼儿之间开展具有积极意义的相互批评，鼓励幼儿对教师提出意见和建议，帮助幼儿学习如何正确对他人做出批评，从而带动师幼之间、幼儿之间形成真心关爱、坦诚相待、互学互鉴、共同进步的良好风气，促进保育和教育工作质量的不断提高。

第二节　师幼非语言沟通礼仪

师幼之间的非语言沟通主要是指幼儿教师和幼儿之间通过姿势、动作、表情等身体形态进行的沟通。鉴于这些身体形态起到了类似于语言的沟通作用，人们形象地将它们称为体态语言或形态语言，通常简称为态势语。态势语主要包括身姿语、手势语和表情语三种类型。有关态势语方面的礼仪，也称形态礼仪。

一、身姿语

身姿即身体的姿势。所谓身姿语，是指人们通过身体姿势向他人传达自己对人、对物所持态度的态势语。例如，站立与人交谈时，一只脚点地，或者坐着与人交谈时，摇晃架在另一条腿上的小腿或足部，都显得对人不尊重；坐着与人交谈时，采用浅坐姿势，即坐在座位边缘或一侧，身体倾斜面向对方，则往往说明自己比较谦虚，对对方比较尊重；与人交谈时，面朝对方会显得亲切，而侧视或昂头则往往表示不重视对方。

幼儿教师在对幼儿实施保育和教育的过程中，要注意以下问题：

1. 重视自身身姿语的使用

幼儿教师要因人、因事、因时、因地而异，巧妙地使用点头、弯腰、蹲下等身姿语，这有助于拉近师幼距离，稳定幼儿情绪，增进师幼感情，使幼儿“亲其师，信其道”，促进保育和教育活动的顺利开展。同时，得体的身姿语也体现了幼儿教师自身良好的素质，可以给幼儿带来积极的熏陶和影响。例如，很多幼儿教师在和幼儿交流时，采用如图 3-1 所示的蹲姿，这充分体现了幼儿教师对幼儿的尊重，体现了幼儿教师和幼儿人格上的平等。

图 3-1　幼儿教师采用蹲姿和幼儿交流

2. 要注意关注幼儿的身姿语

细心观察幼儿的身姿语有助于幼儿教师准确判断幼儿的心理状态，有针对性地对幼儿实施保育和教育。同时，幼儿教师要注意引导、培养幼儿在人际交往过程中使用良好的身姿语的习惯，提升幼儿的个人素养。

二、手势语

1. 手势语的含义

手势语是指人们在交往、交流过程中用手臂或手的动作表达情感、传递信息、展示个性的态势语。

2. 常用手势语的基本类型

（1）象征性手势语。象征性手势语也称情感性手势语，主要是指表示特定抽象内涵，或者表示说话人某种情绪、意向、态度的手势。例如，“OK”表示“可以”“行”“好”；“V”表示胜利；拳心向内侧，握拳上举，表示“加油”“努力”；两手相握表示“友好”；双拳相抱表示“拜托”“感谢”；四指并拢握向拳心，大拇指向上竖起，表示赞扬；用手轻轻抚摸他人头顶、轻拍他人肩膀或后背，表示喜爱、安抚等。

（2）象形性手势语。象形性手势语主要包括两类：一类是模拟物体形态的手势，如大小、形状、距离等；另一类是模拟某种动作的手势，如模拟使用某种工具的手势。

（3）指示性手势语。指示性手势语主要是指用来介绍或说明人或事物，以及用来提醒、引导、指导人们言行的手势。例如，指示方向的手势语如向上、向下等，指示动作的手势语如起来、停止等。

讨论

1. 请说出下图中手势语的类型及含义。

2. 请说说下列手势语的含义：（1）用一个手指指点他人；（2）对他人说话时双手叉腰。

3. 幼儿教师要恰当、巧妙地使用手势语

手势语在幼儿教师的保育和教育过程中使用频率很高，幼儿教师使用手势语时应注意以下几点。

（1）根据活动需要选择合适的手势语。

1）运用象征性手势语，适时为幼儿的表现鼓掌，适时为幼儿伸出大拇指点赞，可以激发幼儿的兴趣；适时地轻轻搂抱幼儿、摸幼儿头、拍幼儿背、抚摸幼儿脸颊、牵幼儿手，可以让幼儿产生亲切感、安全感。

2）运用象形性手势语能够使讲话内容更形象和直观，能够帮助幼儿更好地理解幼儿教师的讲话内容。

3）指示性手势语在组织幼儿活动中的运用。由于幼儿年龄较小，自我控制能力不足，所以往往纪律性不强。如果单纯使用语言强调纪律，往往难以达到预期的效果。幼儿教师可以恰当地搭配使用指示性手势语来强调纪律。这样一来，能够较为容易地让幼儿明确纪律要求，能够较好地集中幼儿的注意力。如想让幼儿安静，可以竖起一个手指（一般用食指）放在嘴边，也可以用一只手的一个手指抵住另一只手的手掌心；想让幼儿起立或坐下，可以手心向上并向上抬起，或者手心向下并向下降落等。

（2）手势语要活泼而自然。活泼的手势语更能吸引幼儿的注意力，也更能对幼儿的行为态度产生影响。手势语自然就是指在需要的时候即时运用手势语，而不是刻意地设计好使用时间，否则就会使手势语变成一种表演。例如，给幼儿讲文明礼貌的习惯时，幼儿教师可以指导幼儿通过挥手、点头向他人问好，可以运用竖大拇指、“OK”等手势语来表示对别人的赞同、认可。再如，讲《白雪公主》的故事时，在讲到皇后妒忌白雪公主比她美丽时，幼儿教师可以做出张牙舞爪的手势，面露凶恶妒忌的神态；在讲到白雪公主和七个小矮人一起生活时，除了露出快乐的、幸福的表情外，还可以轻轻地抚摸着幼儿的头，让他们能通过幼儿教师的表情和生动的手势语体会《白雪公主》故事中的各种情感。

（3）手势语要恰到好处。在使用手势语时，每一个手势语都应当有起势，即在使用手势语之前要有一个缓冲的动作，不要直接或者匆忙地使用手势语，而且手势力度要适中，尤其是和幼儿接触的手势不能让幼儿感到不适。此外，手势语的运用不宜过于频繁，如果在一项活动中不停地切换手势，手上动作会过多地吸引幼儿的注意力，这样反而不利于活动开展。

三、表情语

表情语是指人们通过面部的变化，如眼睛（包括眉毛）、嘴、肌肉等，表达情感、传递信息的一类态势语。表情语能够迅速、准确、充分地反映人们高兴、喜欢、赞许、鼓励、失望、忧虑、怀疑、担心、惧怕、愤怒等各种情感。可以说，表情语在各类态势语中最丰富，也最有表现力。

幼儿教师在与幼儿进行非语言沟通过程中，要做到以下几点：

1. 要时刻注意自己的面部表情

恰当、巧妙地运用表情语可以正确地表达自己的感情，最重要的是可以向幼儿传递爱的信息，给幼儿以积极的心理暗示。例如，当幼儿表现突出的时候，要向幼儿投以赞许的微笑；当幼儿遇到困难的时候，要向幼儿投以鼓励的微笑；当幼儿出现小过失甚至表现出小调皮的时候，要向幼儿投以宽容的微笑。幼儿教师使用微笑这种表情语可让幼儿感到亲切，有助于幼儿接受幼儿教师的教育和引导。

2. 要细心留意幼儿的面部表情

通过细心留意幼儿的面部表情，幼儿教师可以准确了解幼儿的内心世界，这样有助于幼儿教师有针对性地开展保育和教育工作，提升保育和教育工作质量。

讨论

请说出自己对下面两句名人名言的理解，你知道它们的作者分别是谁吗？他们的代表作分别有哪些？

1.“做教师的绝不能没有表情，不善于运用表情的人不能做教师。”

2.“笑就是阳光，它能消除人们脸上的冬色。”

案例

多种态势语的综合运用

清晨，豆豆的妈妈带着一路抽泣的豆豆来到幼儿园，周老师微笑着伸出双手迎接豆豆，结果豆豆却哭闹开了：“我不上幼儿园，我不找你，我要跟妈妈回家。”周老师蹲下来，想抱抱豆豆，可豆豆却摇晃着双臂挣扎起来，一只手不小心打在周老师的脸上。豆豆有些害怕了，静下来怯生生地看着周老师，似乎在等待周老师惩罚她。没想到周老师微笑着对她说：“没事的，豆豆不要害怕。”周老师用一只手抱起豆豆，另一只手从兜里掏出湿巾一边为豆豆擦拭哭花了的小脸蛋，一边继续安抚豆豆，“豆豆是好孩子，好孩子是喜欢上幼儿园的”。豆豆终于安静下来了，周老师轻轻拍拍豆豆的脸颊，一边说着“老师喜欢豆豆，幼儿园里小朋友们都会喜欢豆豆的”，一边轻轻牵着豆豆的小手，介绍豆豆和围拢过来的小朋友们认识。

在上述案例中，周老师靠着自己的耐心、细心，通过一系列的态势语，如微笑、伸出双手、蹲下、抱抱、擦拭脸蛋、轻轻拍脸、轻轻牵手等，配合适当的语言，在较短的时间内就稳定了豆豆的情绪。

思考·练习

1. 师幼沟通的形式和途径有哪几种？

2. 幼儿教师倾听幼儿表达的目的是什么？怎样才能做到善于倾听？

3. 幼儿教师在和幼儿沟通的过程中，怎样才能做到表达适合幼儿，易于被幼儿理解？

4. 师幼沟通礼仪既包括幼儿教师应当遵守的礼仪，也包括幼儿教师应当培养幼儿学习的礼仪。请说说幼儿教师应当怎样引导幼儿学习倾听和表达。

5. 下列幼儿教师对幼儿的提问中，哪些不适合幼儿？

（1）上午喝的紫菜鸡蛋汤里有哪些营养成分？

（2）比比哪个小朋友午饭吃得最多。

（3）看看谁将足球踢得远。

（4）谁的小手洗得更干净？

6. 在幼儿活动的提问环节，总有些幼儿不举手就回答问题。面对这种情况，幼儿教师应当如何处理？

7. 幼儿教师对幼儿的评价主要包括哪几种类型？主要通过什么手段实施？

8. 请举例说明，对于不同性格的幼儿，分别应采用什么样的表扬方式。

9. 幼儿教师要尽可能避免在哪个时间段对幼儿进行批评？

10. 师幼之间的非语言沟通主要包括哪几种类型？请说出每种类型的概念。

11. 手势语主要包括哪几种类型？请说出每种类型的概念。

12. 分小组进行“我说你做”的游戏。将下面的短句写在纸条上，两人一组，通过抽签分配任务：一个人读纸条上的短句，另一个人使用态势语将其表演出来。

（1）老虎被牙疼折磨得嗷嗷叫，狐狸笑眯眯地对老虎说，“我来给你拔牙吧”。

（2）小鸭子从河塘里上来，找不到回家的路了，着急地哭了起来。

（3）小青蛙游啊游啊，总也找不到妈妈，急得在池塘里打转。

13. 下面给出的是我国著名教育家陶行知先生的经典教育案例——“四块糖果”的故事，请大家认真学习，并以《“四块糖果”的启示》为题写出一篇读后感，召开一次“关于对幼儿的表扬与批评”的主题班会，并以全班同学的读后感为基础材料，在班级制作一期“关于对幼儿的表扬与批评”的专栏。

四块糖果

陶行知先生任育才学校校长时，有一天在校园里巡视，看到一名男生用泥块砸同学，陶先生及时制止了他，并让这名学生去自己的办公室。当陶先生回到办公室时，看到那名学生已经来了，便掏出第一块糖果递给他：“这是奖励你的，因为你很准时，比我先到了。”学生刚接过来，陶先生又掏出了第二块糖果：“这也是奖励你的，我不让你打人，你立刻就住手，说明你很尊重我。”该学生将信将疑地又接过了糖果。陶先生又掏出了第三块糖果：“我调查过了，你用泥块砸人是因为他们欺负女生，说明你有正义感。”这时，这名学生流下了眼泪，说道：“校长，我错了！不管怎么说，我用泥块打人是不对的。”没想到陶先生又掏出了第四块糖果：“你已经认错，我们的谈话也结束了。”

第四章
与幼儿家长交际礼仪

由于幼儿年龄较小、心智稚嫩、自理能力较弱，所以幼儿家长在很大程度上参与幼儿的保育和教育，因此，幼儿教师和幼儿家长的联系、沟通、交流尤为重要。

本章介绍的与幼儿家长交际礼仪，主要包括与幼儿家长面谈礼仪，与幼儿家长线上联系、沟通礼仪，与幼儿家长书面联系、沟通礼仪。

第一节　与幼儿家长面谈礼仪

在幼儿入园和离园时，在有关幼儿重要问题需要和幼儿家长当面交流时，在家访时，幼儿教师都需要和幼儿家长当面交谈，即面谈。本节主要介绍上述几种情况下的面谈礼仪。

一、幼儿入园、离园面谈礼仪

1. 幼儿入园面谈礼仪

每天早晨幼儿入园时，幼儿教师尤其是值班幼儿教师，除了要和送幼儿入园的幼儿家长打招呼外，通常还会与幼儿家长进行短暂的交流。在这一过程中应当注意以下几点：

（1）始终热情、文明、礼貌地接待家长。例如，身体稍微自然前倾，面带微笑，语调亲切、平和。

（2）认真对待幼儿家长嘱托的事。例如，耐心倾听幼儿家长的嘱托，如果幼儿家长嘱托的事合情合理，自己能够办理或者通过协调、协助能够办理，就要向幼儿家长做出明确的承诺。对于幼儿家长嘱托的不合理或者不现实的事，要做好解释工作。

（3）对待幼儿祖辈的家长，要视其为长辈，给予尊重。

（4）如果是第一次和幼儿家长见面，要主动介绍自己的情况，如姓名、联系方式、工作职责等，同时最好留下幼儿家长的联系方式。

2. 幼儿离园面谈礼仪

每天下午幼儿离园时，幼儿教师除了要和接幼儿离园的幼儿家长打招呼外，通常会针对幼儿在园接受保育和教育的情况、幼儿家长嘱托事项的办理结果、特殊幼儿的保育和教育情况、特殊事项的处理结果、幼儿回家以后有关注意事项、需要征取幼儿家长配合的事项等，和幼儿家长进行短暂的交流。在交流中要注意以下几点：

（1）与幼儿家长交流前要征求幼儿家长的意见。例如，客气地问一句“占用您三五分钟时间交流一下您孩子的情况可以吗？”要征得幼儿家长同意后再与其进行交流。

（2）要节约幼儿家长的时间，简明扼要地交流、沟通。

（3）反馈幼儿在园情况时，要以真实观察到的情况为基础，将幼儿的突出表现反馈给幼儿家长。对在园期间出现问题的个别幼儿，既要注意实事求是，还要考虑幼儿家长的感受，不能以告状的态度和方式与其交流，不能在公开场合进行交流。要引导幼儿家长客观评价幼儿，使其能协助幼儿教师改正幼儿的问题，改进幼儿的不足。

（4）在反馈幼儿家长嘱托事项的办理结果时，要征求幼儿家长对办理结果的意见，便于今后开展同类工作时心中有数，需要改进的地方要及时改进。

（5）在沟通需要幼儿家长配合的事项时，要说明具体要求。

（6）如果来园接幼儿的不是幼儿的直接监护人或者不是主要沟通对接人，可以与其简明扼要地进行交流。如有必要，要采用适当方式和幼儿的直接监护人或者主要沟通对接人另行交流。

（7）如果发现来园接幼儿的不是通常来接幼儿的家长，也没有接到幼儿家长的通知，幼儿教师既要注意严格按规定处理，又要注意态度平和、方式文明、方法恰当。

案例

龙龙的鼻子被撞破以后

早晨，龙龙妈妈送龙龙去幼儿园，刚看见站在大门口迎接入园幼儿的小马老师便发起了牢骚："马老师，班里的孩子把我家龙龙的鼻子撞破了，您应该知道吧？"听到龙龙妈妈的话，小马老师一脸尴尬的样子。

原来，在前一天上午玩捉迷藏的游戏时，杰杰和龙龙不小心相撞，龙龙的鼻子被撞破了。小马老师及时为龙龙止住了血，洗了脸，看到没什么大碍，又发现本来就胆小的杰杰在一旁吓得愣愣的，就安抚了龙龙和杰杰，又嘱咐大家奔跑时要小心，小朋友们就又继续玩游戏了。龙龙妈妈在吃晚饭时问龙龙在幼儿园的情况，知道了龙龙鼻子被撞破的事情，心里不太高兴，第二天一见到小马老师就不由地发起了牢骚。

上述案例中，小马老师应在幼儿下午离园时主动和龙龙、杰杰的家长进行沟通，将两个小朋友相撞的情况及自己的处理方法翔实地告诉两位家长。同时，除了自己向家长尤其是向龙龙家长表示歉意外，最好再和杰杰家长单独做好沟通，引导杰杰家长也向龙龙家长表示歉意，这样即使龙龙家长心疼龙龙鼻子被撞，在发现没有什么影响后，也就释然了。

二、与幼儿家长约谈礼仪

当需要和幼儿家长当面交流有关幼儿的重要问题时，可以约谈幼儿家长。

1. 约谈准备

与幼儿家长约谈之前，幼儿教师应就有关事项做好准备。

（1）列出与幼儿家长谈话的核心话题。

（2）与幼儿家长联系，告知幼儿家长约谈的核心话题，并和幼儿家长商定来园约谈的时间。

（3）围绕核心话题，就约谈内容做好准备。例如，拟订好约谈提纲，筛选、整理好幼儿在园相关资料。

（4）幼儿家长来园之前，一方面要准备好约谈场所，有条件的幼儿园最好能选择在接待室与幼儿家长进行交谈，没有条件的幼儿园也应选择比较安静的场所与幼儿家长进行交谈。特别是约谈问题幼儿的家长时，一定要注意约谈场合的私密性。另一方面要安排好日常工作，做到集中精力迎接幼儿家长并与幼儿家长进行交谈。

2. 约谈过程

（1）接待礼仪。幼儿教师要以热情、亲切的态度和端庄、大方的仪态迎接幼儿家长。例如，见到幼儿家长主动问好，对幼儿家长的到来表示欢迎，为幼儿家长提供一个舒适的座位、一杯热水，座次的安排要体现幼儿家长与幼儿教师的平等。

讨论

请同学们想一想，男、女幼儿教师分别在接待室、办公室接待幼儿的男性家长、女性家长时，座次如何安排更合适？

（2）交谈礼仪。

1）要平等地与幼儿家长交流。不能责怪幼儿家长，不能用居高临下的态度教训幼儿家长，不能以“应该”“必须”等口气对幼儿家长发号施令。

2）采用幼儿家长易于理解、容易接受的方式进行交流。例如，采用幼儿家长能够理解的语言，向幼儿家长展示平时积累的有关幼儿的资料等。

3）准确、翔实地向幼儿家长反映幼儿的成长状况，客观、全面、辩证地对幼儿进行评价。在谈到幼儿的表现时，幼儿的优点要表述得具体一些，幼儿的缺点向家长反映时要以事实为依据，让幼儿家长有一个比较全面的了解，便于幼儿家长协助幼儿教师对幼儿进行引导、教育。不可随意将幼儿与他人进行比较，尤其不可用其他幼儿的优点与所评价幼儿的缺点进行比较。

4）核心话题要注意心平气和地与幼儿家长讨论，注意倾听幼儿家长的心声，深入了解幼儿家长的想法，要做到既虚心接受幼儿家长的正确意见和建议，又给幼儿家长以科学而有针对性的指导，以便找到既适合幼儿，又能被幼儿教师和幼儿家长共同接受的幼儿保育和教育的方式、方法。

（3）结束、送别礼仪。

1）对幼儿家长配合工作表示谢意。

2）将幼儿家长送到接待室或办公室门外，如有必要，也可以送到幼儿园大门里侧或大门口外；送别时要主动为幼儿家长开门，要目送幼儿家长离开后再返回。

需要说明的是，有时幼儿家长也会针对幼儿有关问题主动邀请幼儿教师进行专门交谈，以上介绍的内容对这种情况也适用。

三、家访礼仪

家访是指幼儿教师对在园或即将入园的幼儿的家庭进行有目的、有计划的访问。幼儿教师家访时需要做好以下几个方面的工作。

1. 明确家访目的与内容

家访的目的一般包括：①宣传国家幼儿教育的政策；②介绍幼儿园、幼儿教师对幼儿实施保育和教育的计划安排、实际情况；③交流幼儿在园成长状况；④实地考察、了解幼儿成长的家庭环境；⑤就幼儿保育和教育的相关问题进行交流、协商等。

根据目的的不同，家访可分为新学期开始的家访、期中或期末家访、假期家访、突发事件家访、特殊家庭幼儿定期家访、问题幼儿家访、生病幼儿慰问等多种类型，不同的家访目的往往有不同的家访内容。

在明确了家访目的的前提下，幼儿教师要计划好当次家访的具体内容，并准备好家访所需要的资料。

在进行家访前，要以适当的方式将家访的主要目的和内容向幼儿家长说明，如果确有需要幼儿回避的问题和幼儿家长交谈，可以提前告知幼儿家长，提醒幼儿家长做好准备。

2. 约定家访时间与地点

家访时间包括什么时间家访、家访大约需要多长时间。

（1）幼儿园按照工作计划集中安排的家访，一般都会提前集中通知幼儿家长。

（2）幼儿教师在与幼儿家长约定具体家访时间时，既要考虑自己的时间安排，又要照顾到幼儿家长的时间安排。

（3）如果不得已约定在中午或晚上家访，家访时间尽可能不要太长，以免影响自己和幼儿家长下午工作或晚上休息。

家访地点一般是在幼儿家中，如果因为幼儿家长的时间安排或其他原因不方便在幼儿家里进行家访，这时幼儿教师要在理解的基础上，与幼儿家长另行协商合适的家访地点。

3. 进门与落座时的礼仪

幼儿教师家访时，应注意以下几个问题：

（1）注意自身仪容仪表，做到衣着得体、干净整洁。如果化妆，一定要化淡妆。

（2）到了幼儿家门口，要先轻轻叩门，见到开门人要问好，不认识的人开门，要做自我介绍，并礼貌地问一句“这是某某家吗?”确认且得到允许后方可进门。即使门是开着的，或幼儿家长站在大门口迎接，在没有得到允许前也不要轻易进门。雨天且带了雨具时，要注意雨具的存放，不可弄湿幼儿家地面尤其是地板。

（3）进门后要视情况决定是否更换拖鞋；见到幼儿家中的人要问好；幼儿家长让座，落座时要说声“谢谢”，坐姿要端庄、自然；幼儿家长上茶时，要欠身道谢，喝茶不可发出声响。

（4）进入幼儿家中不可东张西望，未经邀请不能随意走动，更不能随意翻动东西。

（5）如果幼儿本人在家，要注意和幼儿打招呼。

（6）沟通过程中如有他人到访，要轻轻起身与来人打招呼。

4. 围绕家访目的与任务和幼儿家长做好沟通

（1）当向幼儿家长说明家访目的和任务时，要突出重点。

（2）向幼儿家长介绍幼儿在园情况时，对于存在某些不足的幼儿，不能以向家长告状的态度和方式向家长介绍幼儿在园情况，不能将教育责任推卸给家长或指责家长教育缺失。要耐心与家长一起寻找幼儿出现问题的根源，倾听家长对导致幼儿出现问题的原因的分析。

（3）向家长了解幼儿在家情况时，要紧扣与幼儿成长有关系的要素，不可有意打听幼儿家庭隐私和家人隐私。

（4）征求家长对幼儿保育和教育的意见和建议时，要态度诚恳、认真倾听。

（5）协商问题解决方案时，需要家长协助解决的问题，要客气地请求家长给予支持，自己能把握的问题可当场答复，需要向领导请示才能解决的问题及有异议的问题，要向家长说明并承诺答复时间。

（6）如果和家长沟通时幼儿在场，不可忽视幼儿的存在，在介绍幼儿在园情况时，可以问问幼儿：“是不是这样子的?”“老师说的对吗?”还可以用征求意见的口吻征求幼儿对幼儿园、对教师、对家长的意见和建议。如果幼儿有单独起居的房间，需要参观时，也要客气地征求家长和幼儿的意见。

（7）如果需要家长填写有关问卷，要耐心协助家长认真填写完成。

（8）如遇特殊情况须中断家访，可与家长约定另行联系完成相关内容。

5. 按计划结束家访并做好后续工作

除非有特殊情况，否则都要按照计划的内容和时间结束家访。家访结束后，要先向幼儿家长表示感谢，再告别。家访后，要及时做好家访记录，根据家访得到的信息完善幼儿保育和教育的计划与方案，需要向幼儿家长回复的问题，要按照家访时的约定将结论反馈给幼儿家长。

第二节　与幼儿家长线上联系、沟通礼仪

电话联系、沟通是幼儿教师和幼儿家长常见的联系、沟通方式，当今互联网信息技术又为幼儿教师和幼儿家长联系、沟通提供了短信、QQ、微信及微信公众号、网站等多种平台。本节就幼儿教师利用电话和社交软件与幼儿家长联系、沟通的礼仪进行介绍。

一、电话联系、沟通礼仪

幼儿教师与幼儿家长电话联系、沟通，一般用在特殊事件或紧急事件发生须及时通知家长时，阶段性交流但不方便面谈时，通过其他渠道发送内容较长信息后告知家长或者确认家长是否收到时等。

幼儿教师与幼儿家长的电话联系、沟通应注意以下问题：

1. 要注意选择恰当的时间

除非特殊情况或是紧急情况，否则不可在人们习惯的用餐时间、休息时间给幼儿家长打电话。

2. 做好联系前准备

电话联系、沟通前要做好相关准备，尤其是准备好沟通的内容，即使是常规性联系、沟通，也要打好草稿。

3. 拨打电话注意事项

等待电话接通过程中，如果几次响铃后暂时无人接听，或者提示“正在通话中，请不要挂机”，要等到提示“暂时无人接听，请稍后再拨”后再挂机。挂机后可采用微信、短信等形式给幼儿家长留言。如果电话内容急需告知幼儿家长，可连续拨打几次电话。如果电话仍然不通，应及时采取其他方式联系幼儿家长。

4. 和幼儿家长沟通注意事项

电话接通后要先问好，确认对方身份，对方未分辨出打电话人的身份时，要做简单

自我介绍。除了紧急事件外，正常打电话时最好客气地问一句“现在您有时间吗?”“我能占用您一点时间和您交流一下您孩子的情况吗?”然后展开具体内容。传统的电话通话，通话双方不能看到对方的表情，只能靠对方的语气和语言来感受对方的情绪和接收其要表达的内容，所以，一定要控制好自己的情绪，并选择恰当的语言进行沟通。例如，称赞、表扬幼儿时要用肯定的语言；指出幼儿存在的问题时语气要委婉；告知幼儿出现的紧急情况时，情况描述要具体，要稳定住幼儿家长的情绪。当幼儿家长不能控制情绪，语言表达欠妥时，幼儿教师更要稳定住自己的情绪，并尽可能引导幼儿家长平复情绪，使沟通能够继续进行。

电话挂断前的最后一句话一般是问幼儿家长“您还有什么要说的吗?”电话结束时要向幼儿家长表示感谢，并和幼儿家长说声再见，等幼儿家长挂电话后自己再挂电话。

5. 做好电话记录

电话记录需要包括以下内容：通话日期、幼儿姓名、电话联系目的、幼儿家长提出的问题等。

案例

“萱萱出事了”

户外活动时，萱萱不小心摔倒，把一只胳膊摔伤了。刚刚担任班主任的小周老师立即送萱萱到幼儿园的卫生室，医生检查后认为是胳膊脱臼，周老师及时把萱萱送往最近的医院治疗。在路上，周老师着急地拨通了萱萱妈妈的电话：“萱萱妈妈，萱萱出事了，我们现在正把她送往 ×× 医院，您赶快到医院来吧。”萱萱妈妈坐了邻居的车火急火燎地赶到医院，等见到萱萱时，萱萱脱臼的胳膊已经复位了，萱萱也不哭了。向医生问明了萱萱的情况后，萱萱妈妈板着脸对周老师说：“周老师，你把我吓得腿都软了，幸亏邻居在场，不然我都来不了医院。”听了萱萱妈妈的话，周老师一脸茫然。

萱萱摔伤，周老师及时带其就诊，并通过电话告诉家长，这种方式是正确的。但是，周老师告知幼儿家长幼儿具体伤情时使用的方法是不对的。不仅将自己着急的情绪通过电话传递给萱萱妈妈，还用了非常严重的一句话——“萱萱出事了”，萱萱妈妈“吓得腿都软了”应当不是夸张。当萱萱妈妈看到自己孩子脱臼的胳膊已经复位，实际情况没有那么严重时，对周老师有怨言也在情理之中。

讨论

上述案例中，你认为周老师怎样向家长告知萱萱摔伤胳膊的事情更恰当？

二、社交软件联系、沟通礼仪

利用社交软件联系、沟通的双方既能发送文字信息，图片及音频、视频资料，也能进行音频、视频通话。在视频通话时，使用者在进行语音交流的同时，还能看到对方的表情。

音频通话应遵守的礼仪可借鉴电话联系、沟通礼仪的有关内容，视频通话应遵守的礼仪可借鉴面谈礼仪的有关内容。

幼儿教师利用社交软件和幼儿家长联系、沟通的主要目的包括发送活动通知、活动总结，反馈幼儿在园情况，了解幼儿在家情况，为幼儿或幼儿家长答疑解惑，协商解决有关问题等。

在与幼儿家长联系、沟通时，要做好以下几个方面的工作：

第一，发送的文字信息要内容完整、用语恰当、条理清晰、简明规范；发送的图片，音频、视频资料要清晰、美观。

第二，发送文字信息时，虽然联系、沟通工具是社交软件，但具体内容的编写要求与同类书面文字信息的编写要求类似，可参考本章第三节“与幼儿家长书面联系、沟通礼仪”相关内容。这里需要说明的是，发送的信息如果需要确认对方是否收到，要在信息中特别注明“收到请回复”，对在规定时间没有回复的，需进一步联系、确认。

第三，注意保护幼儿、幼儿家长、幼儿园及幼儿教师的隐私。例如，和幼儿家长针对幼儿某些特殊情况的对话、图片和视频资料一定不要随意扩散、传播。

知识拓展

幼儿教师和幼儿家长联系、沟通礼貌用语

需要与个别幼儿家长联系、沟通时，可说：“对不起，耽误您一会儿时间，我想和您交流一下关于 ×× 的情况可以吗？”

请幼儿家长配合保育和教育工作时，可说："您好！今天您的孩子 ×× 不舒服，您看是不是要带他去医院看看？谢谢您的配合。""近期我们园举行 ×× 活动，真诚邀请您参加，相信有您的参与和支持，活动一定会更精彩。"

安抚问题幼儿家长时，可说："请您不要着急，人无完人，孩子很难不出任何问题，我们一起引导孩子，一定会好起来的。"

提醒幼儿家长注意幼儿回家后有关事项时，可说："回家后您还要多费心观察 ××，有什么需要我做的，尽管与我联系。"

幼儿家长反映问题时，可说："谢谢您的信任！请您放心，我会尽量解决，无论结果如何，我都会及时给您回复。"

幼儿家长之间发生冲突时，可说："别着急，孩子在园发生的事情我有责任，您有什么意见和我说，我们好好商量。""孩子之间的问题，我们可以引导他们自己解决，相信他们会解决好，还会成为好朋友。"

幼儿家长接幼儿迟到时，可说："没关系，请您今后尽量安排好谁来接 ××，免得孩子着急。"

幼儿家长馈赠礼品时，可说："您的心意我领了，但礼物不能收，照顾孩子是我应该做的，请您一定不要客气。"

第三节　与幼儿家长书面联系、沟通礼仪

幼儿教师与幼儿家长采用书面方式联系、沟通时，联系、沟通工具既包括传统形式的书信和便条、家园联系册及家园联系专栏，也包括可发送电子版同类资料的社交软件、电子邮箱等。

一、书信和便条联系、沟通礼仪

1. 书信联系、沟通礼仪

幼儿园或幼儿教师集中写给幼儿家长的书信，一般都要在书信的正上方独占一行写上标题（即书信名称），如"关于 ××（写信原因）致 ××（收信对象）的一封信"。

书信由书信名称、书信开头的称呼、问候语、正文、祝颂语、落款（即署名）和日期几部分组成。

（1）开头的称呼应在第一行顶格写，后加冒号，以示尊敬。具体称谓应遵循长幼有序、礼貌待人的原则，选择得体的称呼。幼儿园或幼儿教师写给幼儿家长的信一般称呼为“尊敬的家长”。

（2）问候语一般用“您好”“节日（节日名称）好”等，要单独成行，以示礼貌，也可直接接正文。

（3）正文是书信的主体，可根据收信对象和所述内容的要求灵活地采用不同风格的表述方式，但由于书信一般用于比较正式内容的联系、沟通，所以要在幼儿家长能够理解的基础上使用规范的书面语言，且语言表达要完整、严谨、清晰、有条理。关于活动通知的书信，正文内容一般包括活动名称、活动目的、活动组织者、参与对象、参与办法、活动目标等。需要家长配合的活动，活动内容及对幼儿家长的要求要表述得具体、翔实。

（4）正文最后一般用有感谢、鼓励、期望含义的语句作为书信结尾。

（5）书信的祝颂语多用“此致”“敬礼”，其中“此致”排列在正文末尾的下一行处并空两格，“敬礼”另起一行顶格排列。

（6）署名应写在祝颂语“敬礼”的下一行的靠右侧位置，一般应写全称或全名。

（7）在署名下面另起一行，在该行右侧以“×××× 年 ×× 月 ×× 日”格式注明写信时间。

书信的字体、版式设计、纸张样式在美观的同时要整洁、清晰、端庄、大气。

书信既可以以纸质书信形式发放，也可以利用社交软件等发送电子版。以纸质书信形式发放时，最好将其装在信封里发给幼儿家长，信纸如需折叠，注意内容面朝向里边。信封上最好写上幼儿家长姓名。

案例

致即将入园幼儿家长的一封信

——关于对即将入园幼儿进行家访的通知

尊敬的家长：

您好！

首先，欢迎您的孩子成为我们幼儿园大家庭的一员。

为了让您的孩子尽快与其所在班级的教师认识，也让班级教师尽早了解您的孩子在饮食、起居、兴趣、爱好等方面的具体情况，便于您的孩子入园后教师对其进行有针对性的保育和教育，使其尽快度过初入幼儿园的不适应期，我园计划于下周组织您孩子所在班级的教师对您的家庭进行访问。此次家访大约需要半个小时，具体家访时间及有关事宜将由班主任通过电话方式与您商定。

对您给予我们幼儿园工作的支持表示十分感谢，同时为家访给您带来的不便表示歉意。

再次谢谢您的理解、配合与支持。

此致

敬礼

××幼儿园

××××年××月××日

2. 便条联系、沟通礼仪

目前，传统意义上的纸质便条在很大程度上已经被社交软件等的“留言”所代替。纸质便条除了在个别情况下可以作为证据使用、留存外，一般只在幼儿家长不方便联系，但也不是发生紧急情况的时候使用。幼儿教师可以在有意培养幼儿办事能力时，让其将纸质便条代教师交给家长。

无论是传统意义上的便条，还是利用社交软件等发送的“留言”，编写方法基本一致，编写时要注意以下几点：

（1）由于内容较简单，编写时要力求篇幅短小，内容既要言简意赅，又要清楚、准确、完整。

（2）注意有称呼、问候、感谢等含义的语句的恰当使用。

（3）可以适当使用口语化语言。

二、家园联系册联系、沟通礼仪

家园联系册（见图 4–1）全称为家园联系手册或家园互动联系手册。传统的家园联系册采用纸质形式，其主要内容包括幼儿教师记录的幼儿在园保育和教育的主要情况，如幼儿的主要表现以及幼儿教师对幼儿的评价，另外还包括幼儿园开展的幼儿保育和教育的事项及幼儿保育和教育方法等。家园联系册一般在幼儿离园时让其带回家中，由幼儿家长记录幼儿在家的表现，填写问题、建议等，在幼儿再次入园时带回。目前，传统的纸质家园联系册多数被电子版的家园联系册替代，幼儿教师和幼儿家长通过社交软件等联系、沟通工具完成家园联系册的传递。

图 4-1　家园联系册

幼儿教师在编制家园联系册时，应当做好以下工作：

1. 计划好家园联系周期

幼儿教师和幼儿家长利用家园联系册相互联系的周期可分为每日、每周、每月等。纸质版家园联系册可以一周或一个月为周期进行填写，电子版家园联系册可以每日填写，也可以每周填写。无论是纸质版还是电子版家园联系册，最后都要有学期末联系栏目。

2. 科学设计家园联系册

要从整体上设计幼儿教师和幼儿家长填写内容的空间及位置，还要注意整个版面布局的美观大方。目前，市面上有成品的纸质家园联系册出售，互联网上也有可付费下载的电子版家园联系册。

3. 要精心筛选幼儿教师所填写项目

在设计家园联系册的内容时，需要幼儿教师填写的项目要选择能展示幼儿成长情况，能反映幼儿园办园特色以及幼儿家长最为关注的项目。

4. 要认真整理填写家园联系册的内容

填写家园联系册时，字体要工整，表达要简明、准确；图片及音频、视频资料要清晰、完整、美观。

5. 指导幼儿家长填写家园联系册

要热情、耐心地指导幼儿家长填写家园联系册。

6. 保存好家园联系册

除了要自己保护、保存好家园联系册外，还要引导幼儿和幼儿家长细心保存家园联系册。

讨论

有人说："信息化时代，社交工具这么发达，哪里还有老师采用纸质书面形式和家长联系？"说说你对这一观点的看法。

三、家园联系专栏联系、沟通礼仪

传统意义上的家园联系专栏（见图 4–2）是指幼儿园、幼儿教师为了让幼儿家长充分了解幼儿园、幼儿班级，在幼儿园大门两侧、幼儿园主建筑前或门厅内、幼儿班级教室门口外侧专门设置的宣传专栏。目前，家园联系专栏内容也可以通过社交软件等以电子版形式发送给幼儿家长。

图 4–2　家园联系专栏

家园联系专栏主要包括幼儿园和班级工作计划、工作报道、幼儿风采、幼教指南等板块。

在制作家园联系专栏时，幼儿教师要做到：第一，认真执行我国有关幼儿教育政策，紧密结合幼儿园工作实际，设计专栏版块，精选各版块内容；第二，各版块布局合理、和谐，整个专栏版面整洁、美观，大小标题醒目、协调；第三，专栏内容图文并茂，突出幼儿教育特色。

思考 · 练习

1. 如果在幼儿离园时你发现来接幼儿的是陌生人，你打算如何处理？

2. 在与幼儿家长约谈之前应当做好哪些准备？约谈过程中应当注意哪些事项？

3. 家访的目的主要有哪些？家访一定要去幼儿家中吗？为什么？

4. 家访过程中如果幼儿在场，幼儿教师要注意哪些问题？

5. 两人一组，分别扮演幼儿教师和幼儿家长，协商设计一个话题，模拟练习幼儿教师与幼儿家长电话联系、沟通。

6. 某幼儿教师将某幼儿初次学习使用筷子的过程录制了小视频，发到幼儿家长微信群里，配了解说词，指出了该幼儿使用筷子不正确的地方，并说明了正确的做法。你认为这名幼儿教师这样做合适吗？请说明原因。

7. 一般的书信由哪几部分组成？

8. 幼儿教师编制家园联系册时要注意哪些方面的问题？

9. 有人说，家园联系专栏就是传统意义上的墙报，你如何理解这一说法？

10. 阅读下面的案例材料，根据本章学习的有关内容，就如何争取家长协助，帮助虎子克服“爱打人”的不良习惯，解决其与娜娜的纷争，给出你认为最合理的措施、方案，并指出王老师解决问题过程中存在的不当之处。

上午游戏时间，小朋友们正在玩玩具，娜娜突然哭起来，王老师立刻过来安抚娜娜并询问原因。原来，娜娜发现虎子的玩具很好玩，想要过来玩玩，虎子不同意，娜娜就去争抢，这下惹怒了虎子，虎子拿起铅笔就扎娜娜的手背。王老师了解事情经过后，查看了娜娜手背的情况，发现娜娜手背没有被扎破，心里踏实了许多。王老师一边指出娜娜抢玩具的行为是不对的，一边对虎子用铅笔扎小朋友手的行为进行了批评。

下午离园时间，家长们陆续来接孩子，考虑到虎子多次因为一些小事就动手打小朋友，老师多次对其进行教育效果仍不明显后，王老师当着虎子的面对虎子爷爷说：“虎子哪里都好，就是爱动手打人，这不，今天又打人了。”王老师刚要说明虎子今天打人的原委，虎子爷爷脸上挂不住了，一气之下给了虎子一巴掌。虎子立刻哇哇地哭了起来，指着身旁的娜娜说："是她先抢我的玩具的。"顿时娜娜无言以对，娜娜的爸爸也愣住了。听了虎子的话，虎子爷爷也感觉自己太冲动了。面对这种情况，王老师也尴尬地不知道如何处理了。

第五章 与单位同事交际礼仪

在一个单位一起工作的人相互之间称为同事。从不同的角度看，同事分为上级、同级、下级，男同事、女同事，新同事、老同事等。这里我们将除上下级以外的同事关系称为一般同事关系。

同事之间一起工作的过程是相互合作的过程，不可否认，其中也存在相互比较和竞争。所以，处理好同事之间的关系很重要，其中也大有学问。

本章在介绍幼儿园同事之间互相称呼礼仪的基础上，主要讨论幼儿教师与一般同事相处礼仪和与上级相处礼仪。鉴于与一般同事相处涉及的礼仪内容广泛，本章对与一般同事相处的礼仪的内容进行了相关拓展，供同学们参考、借鉴。

第一节 同事之间互相称呼礼仪

本节在介绍一般称呼礼仪要求的基础上，还根据幼儿园工作岗位设置情况，讨论了幼儿园同事之间互相称呼礼仪的具体内容。

一、称呼礼仪的一般要求

称呼是指人们在日常交往中彼此之间采用的称谓语。

1. 称呼应当符合被称呼者的身份

当明确自己和对方之间的关系，知道对方的职业、职务、职称、学历、年龄或其中一种身份信息时，可以选择对对方最为尊重、最被对方接受的称谓称呼对方。在比较正式的场合，可以称男士为“先生”，称女士为“女士”。在一般交往场合，也可以用“您好，不知道如何称呼您”开始和对方对话。当然，如果自己阅历比较丰富，也可以根据对对方总体形象的认识，选择适当的称呼。例如，和不认识的老年男士打招呼，如果从总体上感觉对方很儒雅、文质彬彬，可以称呼其“老先生”；如果从总体上感觉对方很朴实，则可以称呼对方“老人家”“老大爷”。

2. 称呼应当符合双方所处的环境

在生活中，人们之间的称呼在尊重对方的前提下，主要凸显相互之间亲切、友好、自然的关系；在工作中，人们之间的称呼要显得职业和严谨，因此多以对方职业、职务、职称、学历为依据称呼对方。同时，地域不同，风俗习惯不同，对于同一类人的称呼往往也不同，这就要求我们称呼他人时要入乡随俗，尊重对方习惯。

讨论

赵老师、钱大夫、孙书记、李园长、周教授、吴总工、郑博士，分别是根据对方哪方面的身份进行称呼的？

3. 称呼他人时表现要真诚

称呼他人时不仅称呼用语要符合礼仪规范，还要借助恰当的语调、适当的表情、有分寸的姿势表示对他人的尊重、亲切、友好等。为了表示对他人的尊重，称呼他人之前或称呼他人之后一般要加上“您好”二字。

4. 称呼他人时的注意事项

（1）不可称呼他人的不雅称号，即通常说的不雅绰号或外号。

（2）正式场合不能使用如“哥们儿”“姐们儿”“小兄弟”“爷们儿”“伙计”等显得随意的称呼。

（3）和不认识的人打交道，注意不要随意称呼，如称呼他人“师傅”，本意是想表示对他人的尊重，但有时会产生误解。

（4）不能出现错误的称呼，如读错他人姓名，误判他人年龄、婚姻状况等。为了避免这些情况的出现，称呼他人时应尽可能避开自己不能把握的要素，或者可通过提前准备、当面请教等办法了解清楚他人情况再称呼他人。

讨论

为什么称呼不认识、不了解的人“师傅”，有可能会产生误解？

二、幼儿园岗位设置及有关称呼礼仪

1. 幼儿园岗位设置

幼儿园的岗位一般包括园长、副园长、科室主任、年级主任、主班教师、配班教师、保育员、保健医生、食堂工作人员、保安等，规模大的幼儿园还有水电等设备维修工作人员等。

幼儿园的每个班级，通常采用“两教一保”的保教模式。“两教”即两位教师，包括一位主班教师和一位配班教师，主要负责幼儿的教育、教学工作；“一保”即一位保育员，主要负责幼儿生活方面的相关工作，如幼儿的一日三餐。

讨论

有人说，幼儿园采用“两教一保”的保教模式，各岗位职责明确、相互独立。请根据所学专业课程，以及所了解的幼儿园工作实际情况，说说自己对这种观点的看法。

2. 幼儿园有关称呼礼仪

在幼儿园日常工作中，同事之间相互打招呼时，比较正规的方式一般是根据工作岗位性质称呼对方。例如，园长可以直接称呼其“园长”；副园长可以在园长前加上其姓氏称呼其“× 园长”；教师（无论是主班教师还是副班教师）可在“老师”前面加上其姓氏称呼其“× 老师”；对保育员较为尊重的称呼也是“× 老师”，有的幼儿园也称保育员为“阿姨”；卫生室的保健医生可以称呼其“× 医生”或“× 大夫”；食堂工作人员、保安、水电等设备维修工作人员可以称呼其“× 师傅”。

当同事之间比较熟悉或者建立了比较稳定的关系时，以下几种称呼方式也是存在的：①在年龄较大的员工姓氏之前加上“老”字，称呼其“老 ×”；在年龄较小的员工姓氏之前加上“小”字，称呼其“小 ×”。②老教师和新教师建立了师徒关系之后，新教师直接称呼老教师“师傅”。③为了区别同姓氏的几位教师，可以根据他们的年龄分别称呼其“老 × 老师”“大 × 老师”或“小 × 老师”。④要好的同事之间可以用姓名中去掉姓氏的部分互相称呼对方。

应当注意的是：①对于领导，无论是公开场合还是私下，都要保持称呼一致。②对于一般同事尤其是姓氏相同的同事，私下时可以称呼其姓名，但后面要加上“老师”。③在幼儿及其家长面前，要按照工作称呼的要求，正式、规范地称呼幼儿园同事。

第二节　与一般同事及上级的交际礼仪

幼儿教师要在尊重他人、以诚待人、平等待人、宽厚为人、乐于助人的基础上，与同事勤于沟通、团结合作、公平竞争。

一、与一般同事的交际礼仪

1. 尊重他人

尊重他人是同事间友好相处应遵循的最基本的原则。

（1）尊重他人的习惯、爱好、隐私。幼儿教师作为幼儿园大家庭中的一员，要尊重同事的习惯、爱好。当然，对于他人的良好习惯、爱好，要多学习、多借鉴；对于他人的不良习惯、爱好，如果自己也有就要去改正它。要注意尊重同事的隐私，切忌轻嘴薄舌，热衷传播小道消息，背后议论是非长短。

（2）将尊重他人贯穿到工作和生活的方方面面，渗透到工作和生活的每一个细节中。例如，在工作和生活的重大事项上、重要活动中，要尊重他人，日常工作和生活交往过程中也要表现出对他人的尊重。

（3）注意同事间相互尊重。同事间相互尊重，一方面表现为日常交往中双方均要遵守礼仪，另一方面表现为工作中要相互支持。例如，对同事的帮助要怀有感恩之心，要向同事表示感谢，要在合适的机会以恰当的方式从工作或生活等方面回报同事。

讨论

在幼儿园工作中，你认为下列哪些属于重大活动？哪些属于日常工作？

入园、离园、家长会、家长开放日、各领域课程的教学活动、离园前自由活动。

2. 以诚待人

信任是人际交往的基石。同事之间只有相互信任，才愿意相互交流、交往、合作，进而友好相处。同事之间的信任来自同事之间的以诚相待。

（1）对待同事要态度真诚。这是以诚待人的基础，要对同事要有一颗真诚的心，真心对待同事，真心与同事相处。

（2）对待同事要诚实。要以实事求是的态度和作风，说老实话、办老实事、做老实人。尤其要注意不弄虚作假，不欺骗同事；做错事情要勇于承认，要知错必改。

（3）对待同事要守信。守信就是言而有信，恪守承诺，说到做到，履行诺言。在这方面应当注意，不要对不该答应、不该办或办不到的事轻易许诺，而一旦做出承诺，就要承担责任和义务，努力兑现承诺，实在做不到时要坦诚解释、真诚道歉。

（4）以诚待人要从工作和生活中的小事做起、从细节做起，“勿以善小而不为，勿以恶小而为之”。

讨论

说出下列格言警句的出处和含义：

1. 来而不往非礼也。

2. 勿以善小而不为，勿以恶小而为之。

3. 平等待人

幼儿教师在与同事相处过程中，要坚持平等待人的原则。

（1）与同事交往过程中，要做到“己所不欲，勿施于人”。平等待人也是上面讲到的同事间相互尊重的一个重要方面。

（2）要平等对待所有同事。对老教师要尊重，对新教师也要友好；对一线教师要尊重，对后勤人员也要有礼；同时，对主班教师、配班教师、保育员都要尊重。此外，平等对待所有同事还包括要客观公正地评价所有同事。

知识拓展

人际交往的黄金法则与白金法则

黄金法则又称为人法则，其精髓是“你想人家怎样待你，你也要怎样待人”。白金法则的精髓是“别人希望你怎样对待他们，你就怎样对待他们”。

讨论

请说出“己所不欲，勿施于人”的出处和含义。

4. 宽厚为人

宽厚为人是指在与同事相处过程中，要有宽广的胸怀，能和同事相互包容、相互体谅，求同存异、友好相处。

（1）工作和生活中要用积极、正面的态度和观点客观看待自己所处的外界环境，看社会先看主流，看人先看大节，看事物先看大面。

（2）在和同事的交往过程中，要严于律己，不骄不躁，不过分张扬，不好为人师；要宽以待人，不争不抢，不过分挑剔，不尖酸刻薄；遇到问题时要换位思考。

（3）正确对待和妥善处理与同事之间的误会和误解、矛盾与摩擦。在日常交往中，大多数人不会故意伤害他人，但是很多时候，一些不经意的表情、有口无心的话语、较为随意的举动会让人误会、误解。如果误会和误解是由自己引起的，要主动和他人沟通、解释；如果误会和误解是由同事引起的，自己要包容和谅解。与同事发生矛盾时，要适当做出一些让步，要努力将矛盾消灭在萌芽中。如果矛盾真的发生了，要切记就事论事、就此事论此事，事情过后，不记仇，继续与同事友好相处。

当然，宽厚不是没有原则，宽容不是没有底线，和同事相处时要注意灵活性和原则性相结合。例如，针对那些在工作和生活中消极的人和事，在耐心劝说当事人的前提下，关键时还可以严肃指出他的问题，帮助他做出积极的改变。

知识拓展

化解矛盾的几种具体方法

第一，如果矛盾是由双方爱好和习惯的不同而引起的，要尝试找到自己和对方爱好、习惯的共同点，以此作为切入点，与对方产生共鸣。

第二，如果矛盾是因为双方观点和利益的冲突引起的，要尝试了解对方所持观点的原因、对方想要的是什么，然后思考自己必须做出什么改变才能与对方融洽相处，最终实现观点上求同存异，利益上共赢。

第三，如果矛盾是由于自己的不足甚至错误引起的，就要勇于认错，而且要知错必改。

第四，如果矛盾是对方引起的，要主动找机会与对方交流，化解矛盾，弥合嫌隙。

5. 乐于助人

乐于助人是幼儿教师尊重他人、热情待人的重要体现。相互帮助是同事之间相互尊重、友好相处的重要体现。

（1）同事有了难处，要尽可能给其以帮助。如果以自己的能力不能解决他的实际问题，一个贴心的主意也可能让他茅塞顿开，一次温暖的陪伴、一句真诚的问候都会给他以温暖，让他体会到正能量，从而鼓起克服困难的勇气。

（2）要发挥自己的长处帮助他人、影响他人，尤其是要发挥自己专业方面的特长帮助、影响这方面能力相对薄弱的同事。乐于分享自己的工作经验，实际上也是对同事的帮助。

（3）工作当中要吃苦在前，利益面前先君子。这也是尊重他人，乐于助人，与同事友好相处的重要体现。

6. 勤于沟通

同事之间要勤于沟通主要体现在以下两方面：①要利用在一起工作的机会当面沟通与交流，利用生活中打交道的机会当面沟通与交流，利用电话、短信、电子邮件、QQ、微信等社交工具联系与沟通。②日常工作和生活中要多联系与沟通；发现问题需要解决时，及时联系与沟通；节假日期间主动联系与沟通。

同事之间联系与沟通的技巧有以下几个方面：①做好准备是沟通的前提。成功的沟通大都是提前做好准备工作的。对方的情况，你的想法，通过什么渠道、场合、程序等沟通，都是需要准备的内容。②微笑最能拉近相互之间的距离。如果你希望对方对你做出亲切的反应，除了面带微笑，你还要让自己的声音听起来热情亲切。即使有矛盾发生，你也要恰当地表达，一定不要把沟通变成争执甚至冲突。③恰到好处的体态语言会丰富表达效果。通过充满自信、轻松自然、亲切大方的体态语言向对方传达积极的信号，增强沟通与交流的效果。④认真倾听体现对对方的尊重与关心。要真诚地聆听对方讲话，真诚地问对方问题，虚心地向对方请教，以人之长补己之短。⑤用对方的语言讲话。要想充分了解对方的心理，了解对方的思维模式，就要换位思考，用对方能理解的话语与其沟通。⑥退是为了更好地进。当感觉对方对你的话题不感兴趣时，可以采用“你能帮我吗?”等语句，把对方引入帮助他人解决问题的思维中，这样就体现了对方的价值，有助于使对方做出积极的回应。

讨论

同事之间节假日联系、沟通的主要内容有哪些？请举例说明。

7. 团结合作

在同一所幼儿园工作的同事，虽然所从事的具体工作不尽相同，但总体目标是相同的，就是使幼儿园又好又快地发展，同时为幼儿提供高质量的保育和教育。要实现这个总体目标，大家必须团结合作、共同努力。

（1）热爱集体。所有成员热爱集体是团结合作的前提。同事们都在一所幼儿园工作，要把幼儿园真正看成一个大家庭，在处理集体利益与个人利益的关系时，以集体利益为先，以集体利益为重，为了集体利益大家要心往一处想、劲往一处使。

（2）团结同事。同事之间相互团结是顺利合作的基础。幼儿教师要维护同事之间的团结，除了遵循相互尊重这一最基本原则外，还要按照本节所学习、讨论的其他原则来要求自己。

（3）平时工作中主动配合同事。幼儿园班级通常采用的是“两教一保”的保教模式。但是，幼儿的保育与教育是相互渗透的，这就需要同一个班级里的三位同事分工不分家，主动互相配合、齐心协力，共同做好幼儿的保育和教育工作。

（4）集体活动中积极协作。当集体活动需要时，要自觉参与。在活动过程中，要充分发挥自己的特长，与同事们勠力同心，以共同保障集体活动顺利开展。

（5）借助同事间相互合作的机会，促成同事间互帮互助、团结合作的良好风气，形成紧密的保育、教育共同体。

讨论

有人说："信任是人际关系之间最为重要的基石。"请举例说明自己对这一观点的看法。

8. 公平竞争

在同一所幼儿园工作的同事相互之间有比较、有竞争，是客观存在的正常现象。要想与同事公平竞争，就要注意：第一，努力提高自身思想觉悟，不断提升自身修养水平，在参与竞争过程中自觉践行公平竞争的原则。第二，重在参与，重视过程，看淡结果。第三，注重竞争准备和参与过程的总结，通过经验积累使自身不断成长，不断完善，不断进步。

知识拓展

参与竞争"三要"

第一，要做好准备。在参与竞争之前，要根据活动或项目要求，结合自身实际情况，做好充分准备，即"不打无准备之仗，不打无把握之仗"。

第二，要重视过程。在参与竞争过程中，要心无旁骛、全力以赴、尽心尽力。

第三，要扬长避短。在竞争中要勇于展示自己的个性和特长。

二、与上级的交际礼仪

1. 支持上级工作

支持上级工作，要根据上级要求，结合工作实际，发挥自己的长处，创造性地开展工作。这就要求幼儿教师要学会调查与研究、思考和总结，注重理论联系实际，不断培养自身的独立见解和创新意识。

2. 及时汇报与沟通

向上级请示与汇报时，姿态要谦虚，表情要自然，语言表达要清晰，要把事情说明白，把自己的想法准确地向上级说清楚。如果对上级的安排有疑问，要谦虚请教；如果发现上级的安排与实际工作有出入，要恰当地提出自己的建设性建议。

与上级沟通与交流过程中，态度要真诚，方法要恰当。整个沟通与交流过程要注意：上级讲话认真倾听，自己发言简明扼要，对人、对事的评判要客观公正，尤其要注意不传播小道消息。工作出现问题时，要勇于承担责任，虚心接受上级的批评。遇到困难时，要及时向上级汇报自己的工作情况和需要解决的问题，最好把自己的具体建议或解决方案提供给上级，便于上级选择和决策。

思考 · 练习

1. 你认为处理好自己和一般同事之间、和上级之间的人际关系，有什么积极意义？

2. 有人说："称呼只是和他人打个招呼而已。"请结合自己的体会或耳闻目睹的有关现象，说说你对这种观点的看法。

3. 有人说："同事之间既要合作又要竞争，比较复杂，相互之间只有保持距离才能省去一些麻烦。"说说你对这种观点的看法。

4. "你可以一时欺骗所有人，也可以永远欺骗某些人，但不能永远欺骗所有人。"你知道这句名言的出处吗？请说说你对这句名言的理解。

5. 有人说，和上级相处，既要及时和上级汇报工作，又要和上级保持相对的距离。请从工作和生活两个方面说说你对这种观点的看法。

第六章 涉外交际礼仪

涉外交际礼仪简称涉外礼仪，是指在对外交往过程中，为表示对交往对象的尊敬与友好，或为维护自身形象而要遵守的礼仪，通常包括外交礼仪、习俗礼仪和宗教礼仪。涉外交际礼仪具有规范性、针对性和技巧性的特点。

随着中外交流、交往、合作的不断拓宽和深入，我国许多幼儿园不仅招聘了外教（即外籍教师），还招收了外籍幼儿，此外，也有许多幼儿园和国外幼儿教育机构开展了多种形式的交流与合作。幼儿教师与外籍幼儿相处、与外籍家长联系、与外教共事、与外方交流与合作时，必须掌握并熟练应用有关涉外交际礼仪知识。

本章集中学习涉外交际礼仪，主要包括涉外交际礼仪原则与常见涉外交际礼仪，涉外交际礼仪的应用。

第一节 涉外交际礼仪原则与常见涉外交际礼仪

本节主要介绍涉外交际礼仪原则与常见的涉外交际礼仪，常见的涉外交际礼仪包括仪容仪表礼仪、见面礼仪、交谈礼仪和日常言行礼仪。

一、涉外交际礼仪原则

对交往对象重视、尊重、友好，是涉外交际礼仪的核心。在涉外交际中，为了做到这几点，应当遵循以下几项基本原则。

1. 热情友善、平等交往

涉外交际中，应当弘扬中华民族礼仪之邦的优良传统，热情友善，礼让为先；在此基础上，应当注意热情有度、不可过谦，做到不卑不亢、平等交往；不能说有损国格、人格的话，不能做有损国格、人格的事。

2. 信守约定、遵守时间

信守约定、遵守时间是涉外交际中极为重要的礼仪原则。在一切涉外交际中，都必须认真而严格地信守自己的承诺，说话务必要算数，许诺一定要兑现。

参加各种涉外活动应按约定时间到达。若因故迟到，则要向主人和其他客人表示歉意。如因故不能赴约，要有礼貌地尽早通知主人，并以适当方式表示歉意。

3. 尊重隐私、注意分寸

尊重他人隐私，注意“有所不为”。在涉外交际中，他人履历、收入状况、财产、年龄、婚恋情况、健康状况、住址、政见、信仰、私人情感等个人隐私都不应主动过问。同时，对外宾的关心照料要注意把握分寸，以不使他们感觉受到限制、不影响他们私人空间和自由为宜。当然，涉外交际活动中也要避免与人谈及自身的隐私，同时，要学会婉拒他人提出的不合理要求。

4. 尊重妇女、女士优先

女士优先是国际上公认的礼俗。除了有规定的公务场合，在男女都有的社交场合中，男士要遵循“尊重妇女、女士优先”的原则，体谅女士，关心女士，照顾女士，保护女士，给女士足够的尊重。

5. 尊重习俗、避讳禁忌

在涉外交际过程中，要注意从不同民族、不同国家的文化背景、社会制度出发，了解交往对象的风俗习惯、宗教信仰、礼仪差异尤其是交往禁忌等，努力做到尊重习俗、避讳禁忌。

除以上基本原则外，在涉外交际中还要讲究个人仪容仪表，举止端庄，遵守公共秩序，讲究社会公德。同时，礼尚往来、相互尊重等一般社交活动应当遵循的礼仪原则，也是涉外交际应当遵循的原则。

二、常见涉外交际礼仪

1. 仪容仪表礼仪

（1）男士一般要穿深色且面料较好的正式服装，上下身衣服、皮鞋、腰带的颜色要一致。有些热带国家，夏天天气比较热，经双方事先商定，出席隆重场合也可以穿长、短袖便装，如穿短袖衬衫等。

（2）女士按季节与活动性质不同，可以穿西装、民族服装、中式上衣配长裤或长裙、旗袍、连衣裙等，夏季也可穿长、短袖衬衫配裙子或长裤。

（3）衣着要整齐、整洁，特别是衣袖和衣领要干净整洁。穿西装时要打领带，长袖衬衫腰身以下部分要塞进裤子中。袖口不要卷起，内衣裤不要露在外衣外面，女士着装还要注意不露胸、肩、背、肚脐等。衣服纽扣应当扣齐，男士要检查裤子纽扣是否扣好。

（4）皮鞋要擦亮。

（5）头发、胡须要修理整齐，鼻毛、指甲要尽量修短。

（6）参加吊唁活动一般要穿黑色服装。

（7）进入室内应把大衣、帽子、围巾、手套、雨衣或风衣等脱下，送存衣处存放。存放前要检查衣兜，衣兜内不要留有文件、钱包等贵重物品。除非情况特殊且经过适当沟通，否则男士在室内不要戴帽子、墨镜。即使在室外，出席隆重场合，也不可戴墨镜。

（8）无论天气如何炎热，也不能当众解开衣服纽扣，或脱衣服。小型便宴，如果主人请客人宽衣，男士也可以脱下外衣挂在衣架或椅背上。

（9）如发现妆容、服饰需要整理，或者需要脱换衣服，除非有更衣间等合适的场所，否则要到洗手间整理和脱换。

2. 见面礼仪

（1）打招呼礼仪。西方国家见面时一般先说“早安”“晚安”“你好”等，如遇节日或庆典活动，双方见面要互相祝福或祝贺。

双方见面，除了问好外，往往依据国家不同、民族不同、宗教信仰不同，行握手礼、拥抱礼、亲吻礼、吻手礼、双手合十礼、鞠躬礼等。

如果他人主动问好，一定要及时回应。

（2）介绍礼仪。

1）介绍他人时，应遵循“尊者居后”的原则。例如，介绍长者与晚辈时，先介绍晚辈再介绍长者；介绍上级与下级时，先介绍下级再介绍上级；介绍客人与主人时，先介绍主人再介绍客人，如果宾主双方不止一人，在介绍双方人员时，一般应当依照其职务、身份的高低，由低到高依次介绍。

2）介绍他人时，要把被介绍人姓名、国家、单位、身份（职务、职称等）说清楚。

3）介绍他人时，可有礼貌地以手示意，不要用手指指人，更不要用手拍打他人。

4）自我介绍时，先介绍自己的姓名、国家、单位、身份，然后请他人做自我介绍。

5）如果是入座后被介绍，应当起立并向大家微笑示意，但在宴会等场合也可不起立，可以微笑点头示意。

知识拓展

涉 外 称 呼

一般来说，在涉外交际中，对男士统称先生；对已婚女性称夫人、女士，称呼地位较高、年龄较长的已婚女性时，要在夫人前加上其丈夫的头衔或姓；对未婚女性称小姐，对不了解婚姻状况的女性也可以称小姐或女士。

3. 交谈礼仪

（1）要讲究谈话姿态。

1）谈话以前或谈话时，要了解清楚他人身份，以便讲话得体、有针对性。

2）谈话时态度、表情要亲切、自然，说话声音不可过高，不能溅出唾沫，不可用过多的手势，不大声喧哗，不放声大笑，不远距离大声喊人，不用手指指人。

3）发现对方对自己的讲话内容有误解时，应当进一步解释清楚。

4）不要总是自己讲话，要给他人讲话的机会。他人讲话时要注意倾听，不要随便插嘴，不要心不在焉、左顾右盼、总是看表等。如果他人讲话自己没有听清楚，可以请他人再讲一遍。

5）在三人以上交谈的场合中，有人讲话时不与他人交头接耳，不要只谈两个人知道的事情而冷落其他人。

6）如果别人在私下谈话，不要凑前旁听；如果有事需要与其交谈，应当等待其说完再上前与其交谈；如果有急事找正在和别人谈话的人，应当先打招呼并表示歉意，再说需要找其交谈的急事。

（2）注意谈话内容。

1）不谈疾病等不愉快的事情，不谈论荒诞离奇、耸人听闻、涉黄涉毒的事情，不谈论讥笑他人的内容。

2）不谈论涉及宗教信仰、人权等方面的敏感话题。

3）自己不知道的事情不要随便答复，没有把握的事情不要随便许诺。

4）如果无意中谈到他人认为敏感的问题、他人反感的问题、他人不感兴趣的问题，要巧妙转移话题，或向他人说明自己是无意行为，同时要表达歉意。

5）除非必须，否则不打听他人的履历、收入等隐私，不询问女士的年龄与婚姻状况。如需询问，也要十分客气，他人不讲则不可追问。

4. 日常言行礼仪

（1）注意公共场合形象。

1）走、坐、站立姿势端庄。走路不搭肩搂腰，脚步要轻而稳，遇到急事可以加快步伐，但是不可慌张；不蹲在地上等车或等人；站立时，身体不要歪在墙上或柱子上；不要坐在椅子、沙发的扶手上，坐在椅子或沙发上时腿不要乱翘、摇晃，更不要把腿搭到椅子扶手上或撩起裤腿甚至脱鞋，手不能搭到邻座的椅背上；女士坐下后不要叉开双腿。

2）公共场合不可修剪指甲、剔牙齿、掏鼻孔、挖耳朵、挖眼屎、搓泥垢、挠痒、打饱嗝、伸懒腰、哼小调、打哈欠等。如要打喷嚏，要用纸巾等捂住嘴、鼻子，面向无人的一侧，而且要避免发出大的声音。

3）进入公共场合以前，不要吃口味过重的食物如大葱、大蒜等，必要时，可以嚼一点茶叶冲淡其气味。

（2）自觉遵守公共秩序。严格遵守交通规则，不随地吐痰，不乱扔垃圾，不在不允许抽烟的场合抽烟。

（3）尊重老人和女士。进、出大门主动帮老人、女士开门、关门，上下楼梯主动让老人、女士先行，根据需要帮助老人、女士提拿较重物品。

第二节　涉外交际礼仪的应用

一、涉外陪同礼仪

本节主要介绍涉外陪同礼仪常识。

1. 上、下车、船礼仪

（1）上、下汽车时，通常请客人先上车，后下车。

（2）上、下火车与飞机时，客人先上车、登机，先下车、下飞机。如有必要，陪同人员也可先行一步，引导客人上车、登机。

（3）上、下轮船与上、下火车顺序相同。

2. 陪同引导礼仪

（1）并排行进。此种行进方式讲究以右为上或居中为上，陪同人员应当在并排行走时走在客人左侧或者两侧。

（2）单行行进。此种行进方式讲究居前为上，但是当客人不认识路时，陪同人员可在左前方引导。

3. 出入电梯礼仪

（1）进入无人服务的电梯时，陪同人员要先进入，负责控制电梯。如果请客人先进入电梯，陪同人员要站在电梯外一侧，伸手挡住已经开了的电梯门，等客人进入电梯，自己随后进入电梯，并负责控制电梯。

（2）进入有人服务的电梯时，要让客人先进入。

（3）出电梯时，要让客人先离开。

4. 出入房间礼仪

（1）进入房间时，如果门向外开，陪同人员应当先拉开房门，然后请客人先行入内；如果门向内开，陪同人员应当先推开房门并进入房内，站在一侧请客人进入房间。

（2）离开房间时，如果门向外开，陪同人员要先出门，站在一侧请客人离开房间；如果门向内开，陪同人员应在房间内先将门拉开，然后请客人先离开房间。

二、出席涉外宴席礼仪

1. 收到邀请

（1）如果请柬中注有 R.S.V.P（即请答复），无论是否出席，都要及时答复。

（2）答复邀请方：可以当场答复请柬送达人，也可以采用书面便函、电话等形式答复邀请方。如果遇到特殊情况不能出席，应当尽早向邀请方解释、道歉，或亲自登门表示歉意。

（3）应邀出席宴席，要提前核实宴席举办时间与地点等信息。

2. 出席宴席

（1）把握好出席与退席时间。要根据活动的性质掌握好出席与退席的时间。一般来讲，迟到、早退、逗留时间过短往往被认为是失礼行为。因此，出席宴席要注意以下两点：第一，到达时间要比宴席开始时间略早；第二，退席时，要等主宾退席后才可退席，确实有事需要提前退席时，可在向邀请方说明后悄悄离席，也可以事先打好招呼，届时安静离席。

（2）举止端庄、文明。出席宴席过程中，要注意尊重邀请方、出席宴席宾客的风俗习惯尤其是饮食习惯。以下为出席宴席过程中常见的礼仪知识。

1）入席后，如发现与邻座宾客互不相识，可以先问好，再做自我介绍，然后询问对方的身份信息。

2）应当与同桌的宾客特别是自己的邻座宾客交谈，而不能只和自己认识的人交谈。

3）饮酒不可过量；可以敬酒，不宜劝酒，更不能劝女士喝酒；相互敬酒时注意不要交叉碰杯。

4）对不合自己口味的菜肴不要表现出厌恶的表情；感觉菜、汤太热也不可用嘴吹，要等其稍凉后再吃。

5）嘴里有食物时，要闭嘴咀嚼，不要发出明显的声音，不要说话；不可端起汤盘喝汤；吃西餐时，面包要掰成小块吃，黄油、果酱也应涂在掰下的小块面包上；肉类可先切成块，再用叉子吃。

6）吃到嘴里的鱼刺、骨头等不能直接向外吐，可用餐巾掩嘴再将其取出，放在专用盘内或垃圾桶内。

7）未吃完的饭菜，用过的餐具、牙签等，都要放在盘内，不能放在餐桌上。

（3）妥善处理意外情况。

1）餐具碰撞发出声音时，可轻轻向邻座宾客说一声“对不起”。

2）餐具掉落后，可请服务人员再送上一套餐具。

3）酒水洒在餐桌上时，要向同桌宾客表示歉意，并用餐巾纸擦干桌面。

三、宴请他人礼仪

1. 确定规格与时间

可根据主宾的身份及宴请宾客的人数确定宴席规格，宴席举办时间一般安排在主、客双方均方便的时候，最好尊重宾客尤其是主宾的时间。

2. 发送请柬或口头邀约

请柬中要注明或说明宴席举办时间、地点，如果地点不易找到，要注明或说明到达路线。

3. 迎宾

要在宾客到达前亲自或者安排人到门口迎接。

4. 安排座次

要在尊重宾客习俗的基础上安排座次。

5. 安排菜品、酒水等

安排的菜品、酒水要尊重宾客饮食习惯。

6. 致辞、敬酒

作为邀请方，宴席开始前，要致辞、敬酒，感谢宾客的到来。

四、西餐就餐礼仪

1. 入座礼仪

入座时，应注意以下几点：第一，出席宴席时，要根据邀请方礼宾安排入座。第二，入座以前，要预先了解自己的桌次和座次，如果餐桌上摆放有座位卡，要在写有自己名字的座位卡前落座。第三，尽可能从座椅的左侧入座。第四，如邻座宾客是年长者、女士或儿童、残障人士，应当主动礼让并根据其需要协助其入座。第五，女性如穿裙装赴宴，入座时要注意整理好裙装。

2. 餐具使用礼仪

（1）西餐餐具种类及摆放（见图 6-1）。西餐餐具分为刀、叉、匙、盘、杯等。吃西餐时，面前放餐盘（碟），左手边放叉，右手边放刀和汤匙（勺）。面包碟放在左上方。刀叉的数目一般等于菜的品种数，按照上菜的顺序由外向内排列，每道菜吃完由服务人员撤换盘子。

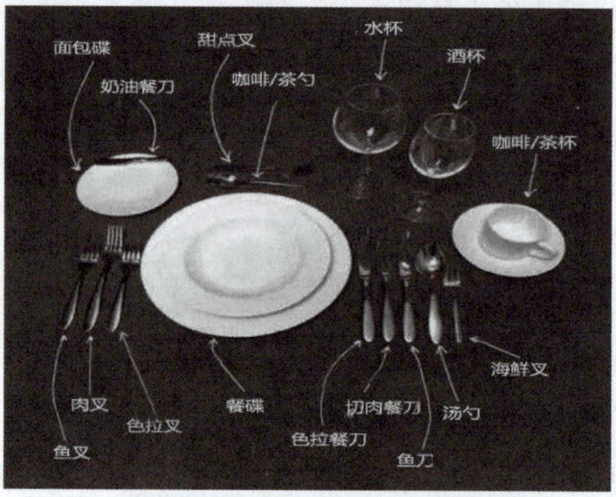

图 6-1　西餐餐具种类及摆放示例

（2）刀、叉的使用（见图 6–2）。在吃西餐时，要右手持刀，左手持叉。使用刀、叉时，要左手用叉子固定食物，同时右手用刀切割食物；要注意刀、叉不要在餐盘上划出声音，不要用刀将食物送入口中，也不要用刀、叉同时将食物送入口中，不要舔食刀上沾的酱料。如用餐中暂时离开，要把刀、叉呈八字形平架在盘子两边。用餐结束，刀、叉并排放在餐盘上。

图 6–2　刀、叉使用示例

（3）餐巾的使用。餐巾摆放的位置不同，作用不同，寓意也不同。例如，用餐时，将餐巾平铺于大腿上，可以防止掉落下来的汤汁等弄脏衣服；当主人铺开餐巾时，表示用餐开始，而当主人把餐巾放在桌子上时，则表示用餐结束。此外，用餐前后餐巾也有不同的用途。例如，女士进餐前，可用餐巾轻轻擦抹唇部以除去唇膏；用餐期间与人交谈，可先用餐巾轻轻擦净嘴唇；如需剔牙，可用餐巾挡住口部。

（4）餐匙的使用。餐匙一般用来喝汤、吃甜品，用餐时，不可用餐匙直接舀取其他主食、菜肴或饮料。用餐匙喝汤、吃甜品时，只能让餐匙前端入口，不可将其全部塞入口中。

3. 品饮咖啡礼仪

（1）端咖啡杯时，右手拇指和食指要捏住杯子把手，把杯子轻轻端起。

（2）给咖啡加糖时，要先用糖夹把方糖夹到咖啡碟里，然后再用咖啡匙把方糖放入杯中。

（3）搅拌咖啡时，要轻轻地仔细搅拌，直到搅匀为止。

（4）品饮咖啡时，要将咖啡杯轻轻端起，慢慢细饮。不可将咖啡杯下面的咖啡碟一同端起，更不能用咖啡匙舀咖啡。

知识拓展

出席晚会礼仪

出席晚会时，要按照参加隆重、高雅活动的标准穿戴服饰、精心打扮自己。要稍微提前入场，迟到者只能在幕间进场。

晚会进行过程中，不得在场地内吸烟、嗑瓜子、吃零食，不得在场地内随便走动。不能随便谈话，不能打瞌睡，应尽量避免咳嗽、打哈欠。

如晚会中有节目表演，演出进行过程中，要保持安静。每个节目结束后，都要报以掌声。

晚会结束后，要按照秩序退场。

思考·练习

1. 涉外交际礼仪原则主要有哪些？

2. 涉外交际中介绍礼仪主要包括哪几个方面？

3. 涉外交谈过程中，在谈话内容方面应当注意哪些问题？

4. 陪同外宾进出房间时，应当注意哪些礼仪？

5. 有人认为“女士优先”已经成为国际通行的社交原则，请说说你对这一观点的看法。